기초프랑스어연습 I

♧ 저자 | auteures

이은미 (충북대학교 교수)
Eun-Mee RHEE
(professeure à l'université nationale de Chungbuk)

김대영 (충북대학교 교수)
Daeyoung KIM
(professeure à l'université nationale de Chungbuk)

♧ 감수 | correctrices

Maryse BRÉARD
(diplômée du CAPES, professeure de Lettres Modernes
au collège Jules Vallès)

Lucile BLOT
(étudiante en master 1 de Linguistique Appliquée à la Didactique du FLE
à l'université Paris Diderot)

기초프랑스어연습 I

초판2쇄 인쇄 | 2025년 3월 31일
초판1쇄 발행 | 2019년 2월 8일

저 자 | 이은미 & 김대영
발행처 | 충북대학교 출판부
발행인 | 고창섭

주 소 | 28644 충북 청주시 서원구 충대로 1
전 화 | 043-261-2952, 3014
팩 스 | 043-274-1256
이메일 | presscbu@chungbuk.ac.kr
등 록 | 제1983-2001-7호
인쇄처 | 케이프린텍

ISBN 978-89-7295-486-6 94760
978-89-7295-485-9 (세트)
값 18,000원

이 책은 2018년 충북대학교 국립대학 육성사업에 의해 지원 발행되었음.

EXERCICES PRATIQUES
DU FRANÇAIS DÉBUTANT

기초 프랑스어 연습 1

이은미 & 김대영

충북대학교 출판부

머리말

대학에 들어와 처음으로 프랑스어를 배우기 시작하는 학생들은 숙지해야 할 프랑스어 문법 사항들이 너무나 많고 까다로워 어리둥절해 합니다. 또한 복잡하고 까다로운 문법사항들에 대해 세세하게 설명이 되어 있는 문법서들이 그리 많지 않아 난처해 합니다. 그렇다고 수많은 문장들을 암기하여 의사소통을 할 수는 없을 것입니다.

어떤 외국어의 문법을 완벽하게 아는 것은 어느 상황에서도 사용할 수 있는 적합한 문장을 만들 수 있는 능력을 길러 줍니다. 따라서 프랑스어를 잘 하기 위해서는 문법을 체계적으로 이해하는 것이 매우 중요합니다. 『기초프랑스어연습』 I과 II는 이와 같은 체계적 이해를 돕기 위해 프랑스어를 처음 시작하는 전공 학생들의 보조 학습을 목표로 만들어진 교재입니다. 『기초프랑스어연습』 I과 II는 교재 Festival1(2005)을 기준으로 삼아 문법을 설명하고 이를 이해하는 데에 필요한 문제들을 실었습니다. 이 교재의 응용 연습문제들을 많이 다루며 문법을 숙지하고 나면 프랑스어를 완벽하게 구사할 수 있는 언어능력이 쌓이게 될 것입니다. 또한 Festival에서 다루지 않거나 부족하게 다룬 문법사항과 단어 및 표현들을 보충했습니다. 따라서 프랑스어 능력시험 DELF A1, A2는 물론 B1 단계 준비용 학습서로도 이용할 수 있을 것입니다.

『기초프랑스어연습』 I과 II를 통해 '계산적 사고능력'을 필요로 하는 프랑스어를 올바르게 익히기 바라며, 프랑스어를 감수해주신 Maryse님과 Lucile님, 그리고 한국어를 수정해주신 강지영님과 이주현님께 감사드립니다. 아울러 사진을 사용하도록 허락해주신 분들께도 고마움을 전합니다.

저자일동

* 교재에서 사용한 모든 이미지는 저자가 소장하거나 www.fotolia.com에서 구입해 사용했습니다.

목차

기초프랑스어연습 I
목차

제 1과 자기 소개하기(1)

♧ **다음은 Festival 1과 내용입니다. 한국어 문장을 프랑스어로 쓰세요.**

① Patrice: 어머나, Alice, 안녕!
Alice: Bonjour, Patrice. Ça va ?
Patrice: Oui, très bien, 감사해요. Et vous ?
Alice: 잘 지내고 있어요.

② Elise: Bonjour, madame.
La secrétaire: Oui...
Elise: 저는 Elise Leclerc라고 합니다.
La secrétaire: 아, 네! mademoiselle Leclerc. (...) 여보세요? Monsieur Berger ? C'est mademoiselle Leclerc, pour vous.

③ Tom: Bonour. 당신은 프랑스 사람이세요?
Anna: Non, 캐나다 사람이에요. Et vous ? 프랑스 사람이세요? Belge ?
Tom: Non. 저도 프랑스 사람이에요. Montréal에서 살아요. 음악 선생님이에요.
Anna: Ah bon ! Vous habitez à Montréal ! Moi aussi ! 저는 대학생이에요.

출처: S. Poisson-Quinton et ali(2005), *Festival* 1, p. 14.

1과 목표

1. 프랑스어 문장 만들기
2. 동사 활용 : être, habiter, s'appeler, aller
3. 주어 인칭대명사와 강세 인칭대명사
4. 형용사의 남성·여성 일치
5. 인사하기

« Bonjour ! »

1. 프랑스어 문장 만들기

Sujet + Verbe + ...

Je m'appelle Yujin Kim. J'habite à Séoul. Ça va.

Je suis coréen. C'est madame Leclerc pour vous.

1-1. 주어 인칭대명사(le pronom sujet)

인칭	단수	복수
1인칭(남성 · 여성)	je	nous
2인칭(남성 · 여성)	tu	vous
3인칭 남성	il	ils
3인칭 여성	elle	elles

1-2. 동사(le verbe)

동사는 문장에서 본래 형태(원형)로 주어와 함께 사용할 수 없다. 주어의 인칭과 수에 따른 변화 형태를 사용한다.

habiter ⇨ J'habite aller ⇨ Ça va

être ⇨ Ils sont s'appeler ⇨ Je m'appelle

동사의 종류에 따라 주어와 동사를 보충 설명하는 단어들을 함께 사용한다.

J'habite à Séoul. Ça va bien. Ils sont français.

C'est madame Leclerc. Je m'appelle Yujin Kim.

가. 다음 단어들을 알맞게 배열하세요.

1) suis / canadien. / Je ⇨ ______________________

2) habite / J' / Montréal. / à ⇨ ______________________

3) coréen. / Je / suis ⇨ ______________________

4) habitez / à / Vous / Paris ? ⇨ ______________________

5) m'appelle / Aurélie Marchand. / Je ⇨ ______________________

2. 동사 활용 : 문장에서 사용되는 동사 형태는 동사 원형과 다르다.

원형	현재 형태[1]	
être	je suis	nous sommes
	tu es	vous êtes
	il est	ils sont
	elle est	elles sont

나. 다음 빈 칸에 동사 être의 알맞은 변화 형태를 넣으세요.

1) Je ______________ à Cheongju.

2) Paul et Pauline ______________ à Paris.

3) Tu ______________ coréen ?

4) Nous ______________ à Pohang.

5) Vous ______________ à Suwon ?

1 본 교재에서 언급하는 '현재 형태'는 직설법 현재 형태를 의미한다.

2-1. 규칙 동사 : -er

원형	현재 형태		활용어미	
habiter	j'habite	nous habitons	-e	-ons
	tu habites	vous habitez	-es	-ez
	il habite	ils habitent	-e	-ent
	elle habite	elles habitent	-e	-ent

~~Je habite~~ à Séoul.(×) ⇨ J'habite à Séoul.

« Nous habitons ensemble. »

다. 다음 빈 칸에 동사 habiter의 알맞은 변화 형태를 넣으세요.

1) Sophie ______________ à Sokcho.

2) Tu ______________ à Singapour ?

3) Paul et vous, vous ______________ à Paris ?

4) Alice et Elise ______________ au centre-ville.

원형	현재 형태		활용어미	
s'appeler	je m'appelle	nous nous appelons	-e	-ons
	tu t'appelles	vous vous appelez	-es	-ez
	il s'appelle	ils s'appellent	-e	-ent
	elle s'appelle	elles s'appellent	-e	-ent

Comment tu t'appelles ? Tu t'appelles comment ?

Comment vous vous appelez ? Vous vous appelez comment ?

Je m'appelle Kim Hana.

2-2. 불규칙 동사 : aller

규칙동사와는 달리, 동사 현재 형태가 원형의 어근과 다른 형태로 변화한다.

원형	현재 형태	
aller	je vais	nous allons
	tu vas	vous allez
	il va	ils vont
	elle va	elles vont

라. 다음 빈 칸에 동사 aller의 알맞은 변화 형태를 넣으세요.

1) Je ______________ à Paris. 2) Ils ______________ en Corée.

2) Nous ______________ à Tokyo. 4) Pierre ______________ à Mokpo ?

5) Anna et Alice ______________ au Salon du Livre de Paris.

- Sylvie, tu vas bien ?
- Oui, je vais très bien, merci. Et toi ?

- Ça va ?
- Oui, ça va. Et toi ?

« Sylvie, tu vas bien ? »

- Bonjour Madame Martin, comment allez-vous ?
- Je vais très bien, merci. Et vous, Madame Lebaud ?

3. 주어 인칭대명사와 강세 인칭대명사(le pronom tonique)

pronom sujet	pronom tonique
je	moi
tu	toi
il	lui
elle	elle

pronom sujet	pronom tonique
nous	nous
vous	vous
ils	eux
elles	elles

주어 인칭대명사는 문장에서 원형이 아닌 변화된 동사 형태와 함께 사용한다.

Je m'appelle Elise Lebon.　Tu es coréen ?　Elle est canadienne.

Nous sommes à Paris.　Vous êtes française ?

Ils habitent à Montréal.　Elles vont à Lyon.

강세 인칭대명사는 주어 자리가 아닌 다른 위치에서 동사가 아닌 다른 문장 요소들과 함께 사용한다.

Et toi ?　C'est Elise Leclerc pour vous.　Moi aussi !

마. 다음 문장에서 잘못된 부분을 찾아 그 부분을 바꾸어 넣으세요.

1) Moi suis coréen. ⇨ ______________________

2) Lui s'appelle Kim Festival. ⇨ ______________________

3) Eux habitent à Montréal. ⇨ ______________________

4) Toi et moi sommes français. ⇨ ______________________

5) Alice et toi allez très bien. ⇨ ______________________

바. 다음 보기에서 알맞은 단어를 골라 빈 칸에 넣으세요.

[보기] ① John ② Tu ③ Jacqueline et Patricia ④ Vous
⑤ Yokiko ⑥ Paul et Mina

1) ____________ habitent seuls. 2) ____________ es petit.

3) ____________ est très differente. 4) ____________ sont anglaises.

5) ____________ est norvégien. 6) ____________ êtes canadienne.

4. 형용사(l'adjectif)의 남성 · 여성 일치

형용사는 수식하는 명사와 대명사의 성에 따른 알맞은 형태를 사용한다.

형용사의 여성 형태를 만드는 일반 규칙: 남성 형태 + e	
français ⇨ française	chinois ⇨ chinoise
anglais ⇨ anglaise	mexicain ⇨ mexicaine

사. 다음 괄호 안의 형용사를 알맞은 형태로 넣으세요.

1) Anne est (japonais) ? ⇨ ____________________

2) Céline est (américain). ⇨ ____________________

3) Caroline est (anglais). ⇨ ____________________

4) Anaëlle est (espagnol). ⇨ ____________________

5) Bernadine est (allemand). ⇨ ____________________

예외 규칙 1: -ien, -éen으로 끝나는 단어들은 -ienne, -éenne	
canadien ⇨ canadienne	coréen ⇨ coréenne
parisien ⇨ parisienne	lycéen ⇨ lycéenne

예외 규칙 2: -e로 끝나는 단어들은 남성과 여성 형태가 같다.
belge, russe, suisse

아. 다음 문장에서 잘못 된 부분을 표시하고 알맞은 형태로 넣으세요.

1) Françoise est musiciene. ⇨ ______________________

2) Victor est marchande. ⇨ ______________________

3) Anna est mexicainne. ⇨ ______________________

4) Léa est vietnamiene. ⇨ ______________________

5) Eva est musicien. ⇨ ______________________

6) Patrick est étudiante. ⇨ ______________________

7) Clara est russee. ⇨ ______________________

8) Boris est professeure. ⇨ ______________________

« Je m'appelle Virgil Chopin. »

« Je suis français. »

« Je suis collégien. »

« Je suis énergique. »

5. 인사하기

- C'est madame Chopin ?
- Ah non, je suis madame Dupont.

- Allô, c'est madame Martin ? C'est Alain.
- Allô, oui, c'est moi ! Bonjour.

인사말 : 만나뵙게 되어 반갑습니다 / 만나서 반가워	
masculin	féminin
(Je suis) enchanté de vous rencontrer.	(Je suis) enchantée de te rencontrer.
Enchanté !	Enchantée !
Heureux de vous connaître.	Heureuse te connaître.
Ravi de faire votre connaissance.	Ravie de faire ta connaissance.
Content de faire connaissance avec vous.	Contente de faire connaissance avec toi.

인사말 : 만남과 헤어짐	
Bonjour	Au revoir
Bonsoir	Salut

인사말 : à ~~~	
A bientôt	A tout à l'heure
A tout de suite	A plus tard (A plus)
A lundi	A mardi
A mercredi	A jeudi
A vendredi	A samedi
A dimanche	A demain
A la prochaine (fois)	A ce soir

인사말 : bon ~~~	
Bon(ne) après-midi	Bonne semaine
Bon weekend[2]	Bonne fin de semaine
Bonne matinée	Bonne journée
Bonne soirée	Bonne fête
Bonnes vacaces	Bonne route
Bon lundi	Bon dimanche

Bonne nuit ~ : Fais de beaux rêves ~ / Faites de beaux rêves ~

2 2017년 철자 개혁에 따름.

제 2과 자기 소개하기(2)

♧ 다음은 Festival 2과 내용입니다. 한국어 문장을 프랑스어로 쓰세요.

① Vincent : Bonsoir.
Louise : Bonsoir.
Vincent : Vous dansez ?
Louise : Oui, d'accord.
Vincent : 영국 사람이신가요?
Louise : 아니요. 호주 사람이에요. Et vous ?
Vincent : Moi, 저는 스위스 사람이에요.
Louise : 파리에서 사세요?
Vincent : Non, 저는 제네바에서 살아요. Et vous ?
Louise : 저는 파리에서 살아요. 이름이 뭐에요?
Vincent : Vincent. Et vous ?
Louise : Moi, Louise.

② *Plus tard...*
Louise : 학생이세요?
Vincent : Non, 음악인이에요. Et vous ?
Louise : 저는 학생이에요.
Vincent : 프랑스어를 잘 하시네요.
Louise : Merci. 아야!
Kate : Oh ! Pardon. 죄송합니다.
Louise : Kate ! Peter ! 너희들 파리에 있었구나?!
Kate : Mais oui !

출처: S. Poisson-Quinton et ali(2005), *Festival* 1, p. 18.

2과 목표

1. 동사 활용 : danser
2. 주어 인칭대명사 vous의 두 가지 사용
3. 형용사의 남성 · 여성 일치

« Nous dansons bien ! »

1. 동사 활용 : 문장에서 사용되는 동사 형태는 동사 원형과 다르다.

원형	현재 형태	
aller (복습)	je vais	nous allons
	tu vas	vous allez
	il va	ils vont
	elle va	elles vont

aller를 제외한 규칙 동사 -er는 동사마다 같은 활용어미를 붙여 형태를 변화시킨다.

원형	현재 형태		활용어미	
habiter (복습)	j'habite	nous habitons	-e	-ons
	tu habites	vous habitez	-es	-ez
	il habite	ils habitent	-e	-ent
	elle habite	elles habitent	-e	-ent

원형	현재 형태		활용어미	
s'appeler (복습)	je m'appelle	nous nous appelons	-e	-ons
	tu t'appelles	vous vous appelez	-es	-ez
	il s'appelle	ils s'appellent	-e	-ent
	elle s'appelle	elles s'appellent	-e	-ent

원형	현재 형태	
danser	je danse	nous dansons
	tu danses	vous dansez
	il danse	ils dansent
	elle danse	elles dansent

원형	현재 형태	
parler	je parle	nous parlons
	tu parles	vous parlez
	il parle	ils parlent
	elle parle	elles parlent

가. 다음 괄호 안의 동사를 알맞은 변화 형태로 넣으세요.

1) Vous (parler) anglais ?

⇨ ______________________

2) Jules et Julie (danser) bien ?

⇨ ______________________

3) Les enfants (parler) à haute voix.

⇨ ______________________

4) Tu (parler) quelles langues ?

⇨ ______________________

5) Délphine (danser) à l'Opréra Garnier.

⇨ ______________________

6) Je (parler) coréen et anglais.

⇨ ______________________

원형	현재 형태	
chanter	je chante	nous chantons
	tu chantes	vous chantez
	il chante	ils chantent
	elle chante	elles chantent

« Je suis musicien. Je chante bien. »

나. 다음 빈 칸에 동사 habiter, aller, être, parler, chanter, s'appeler 중 알맞은 것을 골라 알맞은 변화 형태로 넣으세요.

1) Je ____________ à Chonju.
2) Nous ____________ à Busan.
3) Tu ____________ Yi Yujin ?
4) Vous ____________ à Julien.
5) Il ____________ bien l'anglais.
6) Elle ____________ Aura Martin.
7) Ils ____________ à la professeure.
8) Elles ____________ une chanson.

2. 주어 인칭대명사 vous의 두 가지 사용

vous (= une personne)	**vous** (= plusieurs personnes)
Madame Martin, vous allez bien ?	Hé, les filles, vous allez bien ?

대명사 vous는 단수와 복수를 대신할 수 있다.

Les filles, vous allez bien ?

Monsieur, vous allez bien ?

Paul et toi, vous habitez dans le même appartement ?

Monsieur, vous habitez dans le sixième arrondissement de Paris ?

Les enfants, vous chantez des chansons brésiliennes ?

Madame, vous chantez des chansons brésiliennes ?

다. 다음 밑줄 친 vous의 의미를 설명하세요.

1) - Madame Dupont, comment allez-vous ?

- Bonjour Monsieur et Madame Dubois, vous allez bien ?

2) - Louise, vous habitez à Paris ?

- Bonjour Vincent, bonjour Alice, vous habitez à Marseille ?

3) - Monsieur Martin, vous êtes à Paris demain ?

- Cathy et Clint, vous êtes à Séoul ?!

4) - Patrice, vous parlez bien français !!

- Vincent et Louise, vous parlez coréen !!

3. 형용사의 남성 · 여성 일치

형용사는 수식하는 명사와 대명사의 성에 따른 알맞은 형태를 사용한다.

형용사의 남성 형태와 여성 형태 (복습)					
français	⇨	française	joli	⇨	jolie
anglais	⇨	anglaise	grand	⇨	grande
canadien	⇨	canadienne	coréen	⇨	coréenne
parisien	⇨	parisienne	lycéen	⇨	lycéenne

단어가 -e로 끝나면 형용사의 남성 · 여성 형태가 같다.

belge, russe, suisse, magnifique

라. 다음 괄호 안의 단어를 알맞은 형태로 바꾸세요.

1) Anaëlle est (étudiant) en Corée.

⇨ ______________________

2) Sylvie est (anglais).

⇨ ______________________

3) Véronique est (musicien).

⇨ ______________________

4) Louise est (américain).

⇨ ______________________

여성 형태가 다르게 바뀌는 형용사	
premier - première	bon - bonne
menteur - menteuse	merveilleux - merveilleuse
annuel - annuelle	gros - grosse
grec - grecque	blanc - blanche
long - longue	gentil - gentille
favori - favorite	frais - fraîche

마. 다음 형용사들을 여성 형태로 넣으세요. (사전을 참조할 것)

1) fermier ⇨ ______________

2) mignon ⇨ ______________

3) bas ⇨ ______________

4) heureux ⇨ ______________

5) cher ⇨ ______________

6) cadet ⇨ ______________

7) fier ⇨ ______________

8) gras ⇨ ______________

9) léger ⇨ ______________

10) naturel ⇨ ______________

le nombre cardinal : 1 ~ 20				
un/une	deux	trois	quatre	cinq
six	sept	huit	neuf	dix
onze	douze	treize	quatorze	quinze
seize	dix-sept	dix-huit	dix-neuf	vingt

le nombre ordinal : 1e ~ 20^e				
un/une를 제외한 기수 형태 만들기 : le nombre cardinal + ième				
premier première	deuxième	troisième	quatrième	cinquième
sixième	septième	huitième	neuvième	dixième
onzième	douzième	treizième	quatorzième	quinzième
seizième	dix-septième	dix-huitième	dix-neuvième	vingtième

♧ Paris : 20 arrondissements

J'habite dans le deuxième arrondissement.

J'habite dans le deuxième.

J'habite dans le 2e.

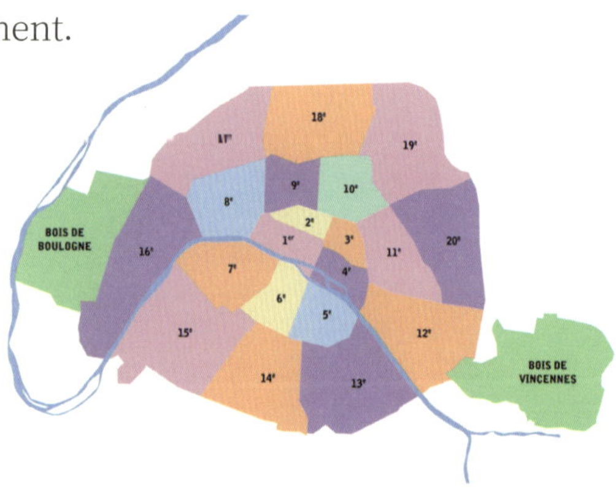

La tour Eiffel est dans le 7e arrondissement.

Montmartre est dans le 18e.

Le musée du Louvre est dans le 1er.

L'Arc de triomphe est dans le 8e.

« le musée du Louvre »

« la tour Eiffel »

바. 인터넷을 검색하여 다음 학교의 위치를 찾고, 다음 빈 칸에 알맞은 답을 넣으세요.

1) L'université de Paris IV Sorbonne est dans le ______________________

2) L'université de Paris II Assas est dans le ______________________

3) L'université de Paris VII est actuellement dans le ______________________

4) L'universtié de Nantes est à ______________________

5) L'université de Franche-Comté est à ______________________

« l'université de Nantes »

제 3과 친구 소개하기

♧ **다음은 Festival 3과 내용입니다. 한국어 문장을 프랑스어로 쓰세요.**

- Bonjour Monica. 당신은 키가 작고, 머리는 갈색인 이탈리아인이시군요 et vous êtes étudiante à Montpellier. 혼자서 거주하시나요?

- Oh non ! 여기 이곳에 5명이 있어요. Yukiko는 일본 사람, Christopher는 영국 사람, Abdel은 모로코 사람, Paola는 핀란드 사람이에요. 그리고 저는 이탈리아 사람이지요.

- Vous êtes très différents ?

- Oui. Christopher는 키가 크고, 머리는 금발이에요. 스포츠를 무척 좋아해요. Abdel est brun, 그는 현대무용을 매우 좋아해요. Yuki도 그래요. 오페라도 좋아하고, 연극 그리고 영화 좋아해요. Paola는 키가 크고, 머리는 금발이에요. 그리고 음식하는 것을 좋아해요.

- La cuisine française ?

- La cuisine française, la cuisine italienne, la cuisine espagnole ...

출처: S. Poisson-Quinton et ali.(2005), *Festival* 1, p. 22.

3과 목표

1. 프랑스어 문장 만들기
2. 동사 활용 : aimer
3. 명사
4. 정관사
5. Il y a + NOM
6. 형용사의 일치

1. 프랑스어 문장 만들기

Sujet + Verbe + ...

1-1. 동사의 종류 : 자동사

자동사는 주어를 보충 설명하거나 동사를 보충 설명하는 단어들과 함께 사용할 수 있다.

Je m'appelle Yujin Kim. Je suis coréenne. Je suis à Séoul.

Ça va très bien. Vous dansez ? Vous parlez bien français !

1-2. 동사의 종류 : 타동사

타동사는 동사가 나타내는 행위의 대상인 목적어를 가진다. 목적어는 명사 또는 명사구로 구성된다.

J'aime l'opéra. Yukiko adore la cuisine française.

2. 동사 활용 : 문장에서 사용되는 동사 형태는 동사 원형과 다르다.

원형	현재 형태	
être (복습)	je suis	nous sommes
	tu es	vous êtes
	il est	ils sont
	elle est	elles sont

원형	현재 형태	
aimer	j'aime	nous aimons
	tu aimes	vous aimez
	il aime	ils aiment
	elle aime	elles aiment

가. 다음 괄호 안의 동사를 알맞은 변화 형태로 넣으세요.

1) Pierre (habiter) à Toulouse.

⇨ ______________________________

2) Vous (habiter) à Tokyo ?

⇨ ______________________________

3) Pierre et nous (aller) à Cheongju.

⇨ ______________________________

4) Vous (aller) à Cannes ?

⇨ ______________________________

5) Anna (être) étudiante.

⇨ ______________________________

6) Nous (aimer) le café.

⇨ ______________________________

7) La famille de Catherine (être) à Besançon ?

⇨ ______________________________

8) Monsieur et Madame Lebeau (habiter) à Bordeaux avec moi.

⇨ ______________________________

3. 명사(le nom)

3-1. 대부분의 일반명사는 남성 또는 여성으로 구분한다.

-e로 끝나는 명사들은 대부분 여성이다.	
남성 명사	여성 명사
opéra cinéma hôtel	cuisine personne danse
Attention !!	
voyage théâtre	couleur pizza

남성 · 여성 구분이 가능한 생물명사는 성에 따라 형태가 다를 수 있다.	
남성 명사	여성 명사
le grand-père	la grand-mère
le père	la mère
le frère	la sœur
l'oncle	la tante
le neveu	la nièce
le fils	la fille
le garçon	la fille
le gendre	la belle-fille

3-2. 명사는 단수와 복수를 구분한다.

복수 형태 만들기 일반 규칙 : 단수 명사에 복수를 표시하는 철자 -s를 붙인다.
cinéma ⇨ cinémas   personne ⇨ personnes   hôtel ⇨ hôtels   pizza ⇨ pizzas
Attention !! 복수를 표시하는 -s는 발음하지 않는다.

항상 복수로 사용한다.

les parents

les grands-parents

« les grands-parents »

4. 정관사(l'article défini)

정관사는 명사의 남성 · 여성과 단수 · 복수를 표시한다.

단수 형태	le (l') + 남성 단수 명사	la (l') + 여성 단수 명사
복수 형태	les + 남성 · 여성 복수 명사	

le (l') + 남성 단수 명사	la (l') + 여성 단수 명사	les + 남성 · 여성 복수 명사
le cinéma	la personne	les cinémas
le théâtre	la danse	les personnes
le train	la voiture	les trains
Attention !! 모음이나 무음 h로 시작하는 단어에는 l'		les voitures
~~le opéra~~ (×) ⇨ l'opéra	~~la école~~ (×) ⇨ l'école	les écoles
~~le hôtel~~ (×) ⇨ l'hôtel	~~la heure~~ (×) ⇨ l'heure	les hôtels

동사 aimer, adorer, préférer, détester와 함께 사용되는 명사는 정관사를 사용한다.	
J'aime les voitures.	Nous détestons l'école.
Tu adores la danse ?	Vous adorez l'opéra ?
Il préfère le théâtre.	Ils aiment la musique.
Elle aime les trains.	Elles préfèrent la comédie musicale.

5. Il y a + NOM : 단수 · 복수 명사를 사용할 수 있다.

Il y a une personne. Il y a cinq personnes.

Il y a Julie. Il y a Pierre et Yujin.

Il y a des maisons vertes sur la colline Planoise à Besançon.

6. 형용사의 일치

형용사는 수식하는 명사와 대명사의 남성 · 여성과 단수 · 복수에 일치시킨다.

남성 단수 형태 형용사 + 남성 단수 명사	여성 단수 형태 형용사 + 여성 단수 명사
le petit train	la petite voiture
le grand hôtel	la grande école

남성 복수 형태 형용사 + 남성 복수 명사	여성 복수 형태 형용사 + 여성 복수 명사
les petits trains	les petites voitures
les grands hôtels	les grandes écoles

남성 단수 명사 + 남성 단수 형태 형용사	여성 단수 명사 + 여성 단수 형태 형용사
le train vert	la maison verte
l'escalier étroit	la chambre étroite

남성 복수 명사 + 남성 복수 형태 형용사	여성 복수 명사 + 여성 복수 형태 형용사
les trains verts	les maisons vertes
les éscaliers étroits	les chambres étroites

예외 규칙 1 (복습) : -ien, -éen으로 끝나는 단어들은 -ienne, -éenne	
canadien ⇨ canadienne	coréen ⇨ coréenne
parisien ⇨ parisienne	lycéen ⇨ lycéenne

예외 규칙 2 (복습) : 남성 · 여성 형태가 같다.
belge, russe, suisse

나. 다음 괄호 안의 단어들을 알맞은 형태로 넣으세요.

1) Alain et Abdel sont (brun). ⇨ ______________________________

2) Les livres (vert) sont sur la table. ⇨ ______________________________

3) Les vêtements sont tout (rouge). ⇨ ______________________________

4) Les yeux d'Isabelle sont (marron). ⇨ ______________________________

5) Les sacs chez Yvonne sont tous (orange). ⇨ ______________________________

6) Que signifient les roses (jaune) ? ⇨ ______________________________

7) On peut voir quelque chose sur l'écran (noir) ? ⇨ ______________________________

8) Mathilde ne veut pas avoir des assiettes (blanc). ⇨ ______________________________

다. 다음 빈 칸에 보기처럼 알맞은 남성과 여성 형태를 넣으세요. (사전을 참조할 것)

[보기] L'Angleterre ⇨ les Anglais ⇨ les Anglaises

1) l'Allemagne ⇨ ____________ ⇨ ____________

2) la Belgique ⇨ ____________ ⇨ ____________

3) le Danemark ⇨ ____________ ⇨ ____________

4) le Canada ⇨ ____________ ⇨ ____________

5) la Suisse ⇨ ____________ ⇨ ____________

6) le Portugal ⇨ ____________ ⇨ ____________

7) la Norvège ⇨ ____________ ⇨ ____________

8) l'Inde ⇨ ____________ ⇨ ____________

9) l'Iran ⇨ ____________ ⇨ ____________

10) le Mexique ⇨ ____________ ⇨ ____________

11) le Mali ⇨ ____________ ⇨ ____________

12) le Japon ⇨ ____________ ⇨ ____________

13) l'Italie ⇨ ____________ ⇨ ____________

14) la Grèce ⇨ ____________ ⇨ ____________

15) la Colombie ⇨ ______________ ⇨ ______________

16) l'Espagne ⇨ ______________ ⇨ ______________

17) l'Irlande ⇨ ______________ ⇨ ______________

18) la Chine ⇨ ______________ ⇨ ______________

19) les Etats-Unis ⇨ ______________ ⇨ ______________

20) le Chili ⇨ ______________ ⇨ ______________

21) la Bolivie ⇨ ______________ ⇨ ______________

22) le Nigéria ⇨ ______________ ⇨ ______________

23) le Vietnam ⇨ ______________ ⇨ ______________

24) la Thaïlande ⇨ ______________ ⇨ ______________

25) les Philippines ⇨ ______________ ⇨ ______________

26) la Finlande ⇨ ______________ ⇨ ______________

27) la Suède ⇨ ______________ ⇨ ______________

28) l'Australie ⇨ ______________ ⇨ ______________

29) le Sénégal ⇨ ______________ ⇨ ______________

30) l'Afrique du Sud ⇨ ______________ ⇨ ______________

31) la Mongonlie ⇨ ______________ ⇨ ______________

32) la Côte d'Ivoire ⇨ ______________ ⇨ ______________

라. 다음 단어들을 알맞게 배열하세요.

1) habitez / à / Vous / Paris ? ⇨ ______________________

2) belge. / suis / Je ⇨ ______________________

3) m'appelle / Délphine Lebaud. / Je ⇨ ______________________

4) j'/ à / Moi, / habite / Paris. ⇨ ______________________

5) va / bien, / Ça / très / merci. / vous ? / Et

⇨ ______________________

des adjectifs de couleur			
rouge	bleu, bleue	jaune	rose
violet, violette	vert, verte	blond, blonde	marron
pourpre	brun, brune	roux, rousse	orange
gris, grise	noir, noire	blanc, blanche	châtain, châtaine

des noms de couleur
le bleu, le blanc, le rouge, le jaune, le noir, le gris, le brun

마. 다음 보기에서 색깔 형용사와 어울리는 단어를 짝지어 보세요.[3] (사전을 찾을 것)

[보기]	① la passion	② la gaieté	③ l'espérance	④ la nature
	⑤ l'action	⑥ la paix	⑦ la sagesse	⑧ la force
	⑨ la vérité	⑩ la pureté	⑪ la tristesse	⑫ la mort

1) le rouge : ____________________

2) le bleu : ____________________

3) le blanc : ____________________

4) le noir : ____________________

5) le vert : ____________________

6) le jaune : ____________________

바. 다음 빈 칸에 알맞은 형용사를 넣으세요.

1) Les couleurs du drapeau français sont ____________________.

2) Les tomates sont en général ____________________.

3) Les citrons sont en général ____________________.

4) Les feuilles printanières sont en général ____________________.

5) Le ciel est en général ____________________.

---

3 S. Poisson-Quinton et ali.(2005), *Festival* 1, p. 25 참조.

색깔과 표현

Il est rouge comme une tomate.

Il est rouge comme une cerise.

Il est rouge comme un coq.

Il est rouge comme une pivoine.

Il est jaune comme un citron.

Il a le visage vert de peur.

Il a la main verte.

Il est blanc comme la neige.

Il a des colères bleues.

Il a les lèvres bleues de froid.

Il est pourpre de honte.

Il est noir comme de l'encre.

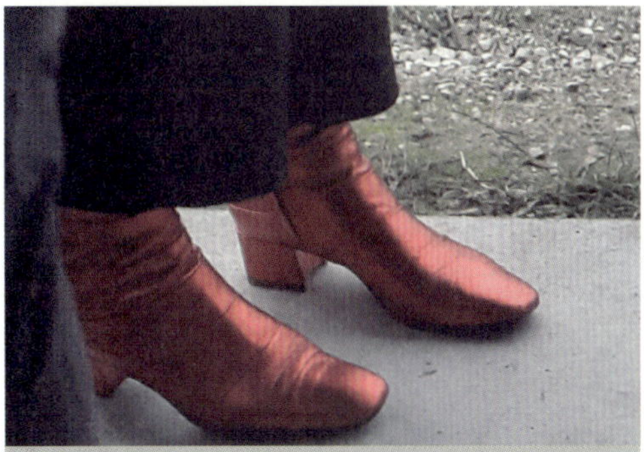

« Ces bottes sont rouges comme une tomate. »

« Moi, je suis le COQ !! »

« Ce volet est jaune comme un citron. »

« Bernard a la main verte. »

« Ils sont en colère. »

제 4과 생김새 묘사하기(1)

♧ 다음은 Festival 4과 내용입니다. 한국어 문장을 프랑스어로 쓰세요.

① Sophie : Tiens ! 이웃집 사람들 집에 고양이가 있어요!
Le père : Pardon ?
Sophie : 새로 이사 온 사람들 말이에요. Ils ont un chat ! Ils sont très gentils. Elle, elle est grecque et ils ont un bébé. Il s'appelle Nikos.
Le père : 근데, 너 모르는 게 없구나! Ils travaillent ? Ils sont étudiants ?
Sophie : 남자 아저씨는 기자에요. 라디오 방송국에서 일해요.
Le père : Et elle, elle est journaliste aussi ?
Sophie : Oui, oui. 그녀는 프랑스어를 참 잘해요 et elle est très gentille. Elle est belle : elle a les cheveux noirs et les yeux bleus.

② Mélina : Bonjour, Sophie. Ça va ?
Sophie : Ça va. 니코스는요? 니코스, 집에 있어요?
Mélina : Non, il est à la crèche.
Sophie : Oh, vous avez deux chats ! Ils sont beaux !

출처: S. Poisson-Quinton et ali.(2005), *Festival* 1, p. 26.

4과 목표

1. 동사 활용 : avoir, savoir, travailler
2. 동사 3인칭 단수 · 복수 변화 형태와 발음
3. 부정관사
4. 명사와 형용사의 남성 · 여성 형태

« Les voisins déménagent. »

1. 동사 활용 : 문장에서 사용되는 동사 형태는 동사 원형과 다르다.

원형	현재 형태	
avoir	j'ai	nous avons
	tu as	vous avez
	il a	ils ont
	elle a	elles ont

~~je ai~~ (×) ⇨ j'ai

Nous avons des voisins chinois.

Vous avez des cours de musique ?

Pierre et Yujin ont un chat et un chien.

Tu as des frères et sœurs ?

원형	현재 형태	
savoir	je sais	nous savons
	tu sais	vous savez
	il sait	ils savent
	elle sait	ils savent

가. 다음 빈 칸에 동사 savoir의 알맞은 변화 형태를 넣으세요.

1) Je _______ nager.

2) Nous _______ parler français.

3) Tu _______ compter ?

4) Vous _______ parler coréen ?

5) Ils _______ skier.

6) Elles _______ chanter.

원형	현재 형태	
travailler	je travaille	nous travaillons
	tu travailles	vous travaillez
	il travaille	ils travaillent
	elle travaille	elles travaillent

나. 다음 빈 칸에 동사 aimer, danser, être, habiter, parler, travailler 중 골라 알맞은 변화 형태를 넣으세요. (중복 가능)

1) Jacqueline ______________ beaucoup le tennis.

2) Dominique ______________ anglais et espagnol.

3) Michel ______________ musicien.

4) - Léa ______________ espagnol ?

- Non, elle ______________ portugais.

5) - Vous ______________ tres bien !

- Merci, j' ______________ beaucoup le tango.

6) Patricia ______________ finlandais.

7) David ______________ à Strasbourg.

8) M. et Mme Lebaud ______________ à Besançon.

다. 다음 괄호 안의 동사를 알맞은 변화 형태로 넣으세요.

1) Sophie (avoir) un bébé. ⇨ ______________________

2) Paul et Pauline (savoir) tout sur les médicaments de Julie.

⇨ ______________________

3) Les journalistes (travailler) à la radio. ⇨ ______________________

4) Sylvie et moi, nous (habiter) à Paris. ⇨ ______________________

5) Julie et vous, vous (aimer) les chats. ⇨ ______________________

6) Marine, tu (savoir) nager ? ⇨ ______________________

2. 동사 3인칭 단수 · 복수 변화 형태와 발음

2-1. 동사의 3인칭 복수 변화 형태 -ent는 발음하지 않는다.

Ils travaillent... Ils parlent... Ils savent... Ils habitent...

2-2. 규칙동사 -er는 3인칭 단수 변화 형태 -e와 복수 변화 형태 -ent의 발음이 같다.

Il travaille	Ils travaillent
Elle travaille	Elles travaillent
Il parle	Ils parlent
Elle parle	Elles parlent

3. 부정관사(l'article indéfini)

부정관사는 명사의 남성 · 여성과 단수 · 복수를 표시한다.

단수 형태	un + 남성 단수 명사	une + 여성 단수 명사
복수 형태	des + 남성 · 여성 복수 명사	

un + 남성 단수 명사	une + 여성 단수 명사	des + 남성 · 여성 복수 명사
un voisin	une voisine	des voisins
un chat	une chatte	des chats
un bébé	une main	des bébés
un appartement	une semaine	des mains
un immeuble	une maison	des maisons

라. 다음 빈 칸에 알맞은 부정관사를 넣으세요.

1) Noémie a ______ petit accent du Sud ; elle vient de Montpellier.

2) Chez Pierre, il y a ______ ascenseur, ______ salon, ______ chambres, ______ cuisine et ______ couloir.

3) Sylvie a ______ manteau vert et sa mère a ______ chapeau chic.

4) Dans la salle de bains, il y a ______ baignoire et ______ lavabo.

5) Il me faut ______ fauteuil pour le salon et ______ chaise pour le bureau.

명사의 복수 형태 만들기 일반 규칙 (복습) : 단수 명사 + -s			
cinéma ⇨ cinémas	personne ⇨ personnes	hôtel ⇨ hôtels	pizza ⇨ pizzas
Attention !! 복수를 표시하는 -s는 발음하지 않는다.			

마. 다음 밑줄 그은 부분을 복수 형태로 넣으세요.

1) Le père de Michel est riche. Il a <u>un appartement</u> en ville.

⇨ ______________________

2) Thierry et Thomas ont <u>une maison</u>.

⇨ ______________________

« Ils ont une maison. »

명사와 형용사의 복수 형태	
-eu나 -eau로 끝나는 단수 명사는 –s가 아닌 -x를 붙인다.	
le jeu - les jeux	le château - les châteaux
beau - beaux	nouveau - nouveaux

les jeux vidéo   les beaux chats   les nouveaux voisins

les châteaux magnifiques

le château de Chambord

le château d'Amboise

바. 다음 문장을 복수 형태로 바꾸어 넣으세요.

1) Le violon de Pierre est magnifique. ⇨ ____________________

2) Elle est petite et brune. ⇨ ____________________

3) Je suis grecque. ⇨ ____________________

4) Tu as un ami africain ? ⇨ ____________________

명사의 복수 형태 : 다음 단어들은 -s가 아닌 -x를 붙인다.		
le bijou - les bijoux	le chou - les choux	le caillou - les cailloux
le genou - les genoux	le hibou - les hiboux	le joujou - les joujoux
	le pou - les poux	

4. 명사와 형용사의 남성 · 여성 형태

명사의 남성 · 여성 형태 (복습)	
un journaliste - une journaliste	un musicien - une musicienne
un chanteur - une chanteuse	un acteur - une actrice

형용사의 남성 · 여성 형태	
grec - grecque	gentil - gentille
turc - turque	vieux - vieil - vieille
beau - bel - belle	nouveau - nouvel - nouvelle

사. 다음 보기처럼 빈 칸에 들어갈 형용사를 알맞은 형태로 넣으세요.

[보기]	Mina est brune et Mathieu ____________
⇨	Mina est brune et Mathieu est brun aussi.

1) Nina habite seule et Léo ______________________________

2) La télévision est moderne et le smartphone ____________________

3) Sophie Marceau est belle et Léonardo Dicaprio ________________

4) Carla est étudiante et Ludovic __________________________

5) Claire est blonde et Jeff ______________________________

아. 다음 단어를 여성 형태로 넣으세요. (사전을 참조할 것)

1) un étudiant ⇨ ______________

2) un gardien ⇨ ______________

3) un comptable ⇨ ______________

4) un secrétaire ⇨ ______________

5) un employé ⇨ ______________

6) un dessinateur ⇨ ______________

7) un ouvrier ⇨ ______________

« Je suis plombier. »

자. 다음 단어를 여성 형태로 넣으세요.

1) un collégien ⇨ ______________________

2) un lycéen ⇨ ______________________

3) un acteur ⇨ ______________________

4) un Brésilien ⇨ ______________________

5) un voisin grec ⇨ ______________________

6) un nouveau directeur ⇨ ______________________

7) un garçon gentil ⇨ ______________________

차. 다음 빈 칸에 알맞은 단어를 넣으세요.

1) Les voisins de Sophie travaillent __________ la radio.

2) Je travaille __________ l'université de Chungbuk.

3) Daniel est professeur __________ l'université de Franche-Comté.

4) Dominique travaille __________ l'hôpital de Tours.

5) Les filles de Sylvester vont __________ Paris demain matin.

6) Delphine est __________ la fac.

7) Aurélie habite __________ Montpellier.

8) Les enfants de Pierre sont __________ la crèche toute la journée.

카. 다음 단어들을 알맞게 배열하세요.

1) noirs. / a / cheveux / les / Maria

⇨ ______________________________

2) est / belle. / Léa / grande / et

⇨ ______________________________

3) cuisine / beaucoup / coréenne. / Marco / la / aime

⇨ ______________________________

4) Julie / les / et / cheveux / yeux / a / les / bleus. / blonds

⇨ ______________________________

타. 서로 반대되는 것끼리 짝지으세요. (사전을 참조할 것)

1) moderne	ㄱ) payant
2) gratuit	ㄴ) reposant
3) petit	ㄷ) ancien
4) fatigant	ㄹ) ravi
5) désolé	ㅁ) grand
6) paresseux	ㅂ) travailleur

제 5과 자기의견 제시하기

♧ **다음은 Festival 5과 내용입니다. 한국어 문장을 프랑스어로 쓰세요.**

① Max : Bonjour. Noriko 찾고 있어. 걔 여기 있니?
Zoé : Non. Elle est avec Tom.
Max : Quoi !?
Zoé : Euh... oui. 걔네들 카페테리아에서 점심 먹던데.
Max : Ah bon !

② Lily : Salut Sami. 나 영화 보러 가. 나랑 같이 갈래?
Sami : Non merci. 나 Luxembourg 공원에 가. Arthus-Bertrand 사진전이 있거든. 오늘 무료라고 해.
Lily : 무료라고?! Je viens avec toi.

③ *Sur le campus...*
Claire : Salut. 도서관 다녀오는 길이야?
Lucie : Oui. 내일 수학 시험 있거든. 너, 어디서 오는 길이야?
Claire : 연구실에서 오는 길이야. C'est fatigant.
Lucie : Alors, bon courage.
Claire : Merci. Et toi, 시험 잘 봐~.

« Il y a une expo au Luxembourg. »

출처: S. Poisson-Quinton et ali.(2005), *Festival* 1, p. 34.

5과 복표

1. 동사 활용 : venir, chercher
2. 축약관사
3. aller au / aux / à
4. venir du / des / de (d')

« C'est le palais du Luxembourg. »

1. 동사 활용 : 문장에서 사용되는 동사 형태는 동사 원형과 다르다.

원형	현재 형태	
aller (복습)	je vais tu vas il va elle va	nous allons vous allez ils vont elles vont

원형	현재 형태	
venir	je viens tu viens il vient elle vient	nous venons vous venez ils viennent elles viennent

원형	현재 형태	
chercher	je cherche tu cherches il cherche elle cherche	nous cherchons vous cherchez ils cherchent elles cherchent

가. 다음 괄호 안의 동사를 알맞은 변화 형태로 넣으세요.

1) Les enfants (aller) à la crèche. ⇨ ______________________________

2) Claire (venir) de la bibliothèque. ⇨ ______________________________

3) Le président de la République (aller) à Rome. ⇨ ____________________

4) Les étudiants de Monsieur Dubois (venir) de divers pays.

⇨ ____

2. 축약관사(l'article contracté)

전치사 **à**와 **de** 다음에 정관사 **le**와 **les**가 오면 전치사와 관사가 합쳐져 그 형태가 바뀐다.

à + le ⇨ au à + les ⇨ aux	de + le ⇨ du de + les ⇨ des

~~à le~~ bureau (×) ⇨ au bureau

~~à les~~ toilettes (×) ⇨ aux toilettes

~~de le~~ bureau (×) ⇨ du bureau

~~de les~~ toilettes (×) ⇨ des toilettes

3. aller au / aux / à + 장소를 나타내는 일반명사

(1) aller au + 자음으로 시작하는 남성 단수 명사

Je vais ~~à le~~ bureau. (×) ⇨ Je vais au bureau.

Nous allons ~~à le~~ marché. (×) ⇨ Nous allons au marché.

Ils vont ~~à le~~ lycée. (×) ⇨ Ils vont au lycée.

Tu vas ~~à le~~ théâtre ? (×) ⇨ Tu vas au théâtre.

(2) aller aux + 남성 · 여성 복수 명사

Il va ~~à les~~ toilettes. (×) ⇨ Il va aux toilettes.

(3) aller à + la + 여성 단수 명사, l' + 모음 또는 무음 h로 시작하는 단수 명사

Je vais **à la** fac. Tu vas **à la** fête de Pierre. Il va **à la** salle de cours.

Elle va **à la** mer. Nous allons **à la** plage. Vous allez **à** l'opéra ?

Ils vont **à** l'école. Elles vont **à** l'université.

4. venir du / des / de (d') + 장소를 나타내는 일반명사

(1) venir du + 자음으로 시작하는 남성 단수 명사

Je viens ~~de le~~ bureau. (×) ⇨ Je viens du bureau.

Nous venons ~~de le~~ marché. (×) ⇨ Nous venons du marché.

Ils viennent ~~de le~~ lycée. (×) ⇨ Ils viennent du lycée.

(2) venir des + 남성 · 여성 복수 명사

Il vient ~~de les~~ toilettes. (×) ⇨ Il vient des toilettes.

(3) venir de + la + 여성 단수 명사, l' + 모음 또는 무음 h로 시작하는 단수 명사

Je viens **de la** fac. Tu viens **de la** fête de Pierre.

Il vient **de la** salle de cours. Elle vient **de l'**opéra.

Nous venons **de la** plage. Vous venez **de la** cave.

Ils viennent **de l'**école. Elles viennent **de l'**université.

나. 다음 빈 칸에 알맞은 것을 넣으세요. (사전을 참조할 것)

1) Tu viens ____________ piscine ?

2) Je vais ____________ marché couvert.

3) Vous revenez ____________ fac ?

4) Nous allons ____________ jardin du Luxembourg.

5) Vous allez souvent ____________ musées parisiens ?

6) Les enfants de Pierre reviennent ____________ école tout de suite après les cours ?

다. 다음 빈 칸에 à, à la, à l', au, aux, de, de la, de l', du, des 중 알맞은 것을 골라 넣으세요.

1) Lucie et Claire viennent ___________ laboratoire.

2) Claudine et Pauline vont ___________ bibliothèque.

3) Patricia vient ___________ cinéma.

4) Monsieur Dubois va ___________ théâtre.

5) Madame Martin et Sami viennent ___________ jardin du Luxembourg.

6) Anne et moi, nous allons ___________ opéra.

7) Il y a un bon film ___________ Champo.

8) Yonghee et Marion viennent ___________ Champo.

9) Cheolsu vient ___________ cafétéria.

10) Alice et Chris vont ___________ plage.

11) Jacques et Martine viennent ___________ bibliothèque municipale.

12) Marine et Bori viennent ___________ marché couvert.

13) Minjung et Kyongwha vont ___________ restaurant japonais.

14) Monsieur et Madame Jeong vont ___________ Festival de Cannes.

15) Toi et moi, nous allons ___________ foire aux fromages aujourd'hui.

라. 다음 단어들을 알맞게 배열하세요.

1) toi ? / sont / Noriko / Tom / avec /et

⇨ ______________________________

2) L'expo / aujourd'hui. / gratuite / de / est / photos

⇨ ______________________________

3) mathématiques / l'examen / Il y a / de / demain.

⇨ ______________________________

4) la / et / à / Yukiko / déjeunent / Chris / cafétéria.

⇨ ______________________________

5) voisines / ont / nouveaux / chats. / Les / deux

⇨ ______________________________

6) moi, / de / venons / et / bibliothèque. / Toi / la / nous

⇨ ______________________________

7) Sophie / elle / bien / français. / est / parle / très / et / belge

⇨ ______________________________

8) danse / le / l'opéra. / Chris / la / aime / sport, / et

⇨ ______________________________

9) est / elle / Paola / adore / cuisine / brune / et / française. / la

⇨ ______________________________

마. 다음 단어들을 알맞게 배열하세요.

1) le / Nous / livre / avons / Paul. / de

⇨ ______________________________

2) des / à / livres / la / Il y a / bibliothèque.

⇨ ______________________________

3) la / travaille / japonais / à / Le / radio. / voisin

⇨ ______________________________

4) Sophie / deux / La / gris. / de / a / chats / voisine

⇨ ______________________________

5) d'Anne ? / Vous / le / de / numéro / téléphone / avez

⇨ ______________________________

« une bibliothèque pour enfants »

♧ le système de l'éducation en France		
la crèche ⇨ (de 3 mois à 3 ans)	l'école maternelle ⇨ (de 3 ans à 6 ans)	l'école primaire ⇨ (de 6 à 10 ans)
le collège ⇨ (de 11 à 14 ans)	le lycée ⇨ (de 15 à 17 ans)	le baccalauréat (le bac)

L'école est gratuite de 6 à 16 ans.

L'école est laïque en France.

- un bébé ⇨ un enfant, une enfant ⇨ un adolescent, une adolescente ⇨ un adulte, une adulte
- un élève, une élève
- un écolier, une écolière ⇨ un collégien, une collégienne ⇨ un lycéen, une lycéenne ⇨ un étudiant, une étudiante
- un bachelier, une bachelière

♧ l'enseignement supérieur	
le baccalauréat général	l'université l'IUT (Institut universitaire de technologie)
	les classes prépas (les classes préparatoires aux grandes écoles) ⇨ les Grandes Ecoles
le baccalauréat professionnel	le BTS (Brevet de technicien supérieur)

제 6과 수강신청하기

♧ 다음은 Festival 6과 내용입니다. 한국어 문장을 프랑스어로 쓰세요.

① Susana (toc toc) : C'est ouvert ?
Une voix : 네. 들어오세요.
Susana : Bonjour, madame. 수강신청하러 왔어요.
La secrétaire : Oui. Pour quel cours ?
Thomas : 컴퓨터 정보학, 1학년 강의요.
La secrétaire : Oui. 무슨 요일요? 몇시 강의죠? Avec quel professeur ?
Thomas : 화요일 아홉 시 강의요. Avec monsieur Blanc.
La secrétaire : Très bien. 학생 이름이 뭐죠?
Thomas : Thomas HANSEN.
La secrétaire : 철자 하나씩 불러줄래요?
Thomas : Oui. H A N S E N.
Susana : Et moi, c'est Susana Ricci. Susana avec un S et Ricci R I C C I.

② La secrétaire : Bon, 전화번호가 뭐죠? 이메일 주소도 주세요.
Susana : Oui. 06 27 41 22 00. Et le mail : sricci@hotmail.com.
Thomas : Moi, c'est le 06 54 60 55 21. 그리고 이메일은 thomas-hansen@yahoo.fr입니다.
La secrétaire : D'accord.
Thomas : Madame, 수업은 어떤 건물에서 하나요?
La secrétaire : A건물 2층 46호실에서요. 개강일은 10월 2일 입니다.
Thomas et Susana : 고맙습니다. Au revoir.
La secrétaire : 아니에요. 잘가요.

출처: S. Poisson-Quinton et ali.(2005), *Festival* 1, p. 38.

6과 목표

1. 의문사 형용사　　2. 부정관사　　3. 정관사

1. 의문 형용사(l'adjectif interrogatif)

명사를 수식하므로 형태는 명사의 남성 · 여성과 단수 · 복수에 일치시킨다.

QUEL + NOM	
quel + 남성 단수 명사	**quelle** + 여성 단수 명사
quels + 남성 복수 명사	**quelles** + 여성 복수 명사

가. 다음 빈 칸에 들어갈 quel을 알맞은 형태로 넣으세요.

1) On est ________ jour aujourd'hui ?

2) ________ est la spécialité de cette ville ?

3) ________ est votre projet d'avenir ?

4) ________ sont les villes les plus agréables de France ?[4]

5) Il est ________ heure, s'il vous plaît ?

6) ________ sont les loisirs de Pierre ?

7) Vous préférez ________ goût ?

8) A ________ date vous souhaitez venir ?

9) Vous savez dans ________ départements il y a des fêtes du fromage ?

10) ________ est votre nationalité ?

---

4 http://www.linternaute.com/ville/c-villes-les-plus-agreables에서 발췌.

2. 부정관사 (복습)

단수 형태	**un** + 남성 단수 명사	**une** + 여성 단수 명사
복수 형태	**des** + 남성 · 여성 복수 명사	

1) 대화 속에서 셀 수 있는 명사가 화자와 청자 사이에 처음 언급될 때 사용한다.

Il y a un perroquet chez Yujin.

C'est un homme et une femme.

Il y a des étudiants étrangers à l'école.

2) 셀 수 없는 명사와 사용하여 특징을 나타낸다.

C'est une huile d'olive de qualité.[5]

C'est une eau minérale.

C'est un vin très doux.

le nombre cardinal (복습) : 1 ~ 20				
un/une	deux	trois	quatre	cinq
six	sept	huit	neuf	dix
onze	douze	treize	quatorze	quinze
seize	dix-sept	dix-huit	dix-neuf	vingt

5 http://www.huiledolive.fr/origine-fabrication/difference-entre-huile-dolive-extra-vierge-huile-dolive-vierge에서 발췌.

3. 정관사 (복습)

단수 형태	**le** + 남성 단수 명사 **l'** + 남성 단수 명사	**la** + 여성 단수 명사 **l'** + 여성 단수 명사
복수 형태	**les** + 남성 · 여성 복수 명사	

1) 대화 속에서 이미 언급되어 화자와 청자가 그 존재를 알고 있을 때 사용된다.

Il y a au centre-ville un homme et une femme qui se prêtent à chanter : l'homme est compositeur et la femme (est) chanteuse.

Chez Pierre, il y a un fauteuil jaune et deux meubles blanches : le fauteuil est à Pierre mais les meubles sont à moi.

2) 진리나 성질 또는 유일함을 나타낸다.

La Terre tourne.

L'eau bout à 100° C.

La paix est le bonheur de nous tous.

L'escalier de la maison se trouve au milieu.

Dans la salle 228, il y a des affiches en français.

les jours de la semaine

lundi - mardi - mercredi - jeudi - vendredi - samedi - dimanche

나. 다음 빈 칸에 순서대로 들어갈 알맞은 수를 넣으세요. (사전을 참조할 것)

le nombre cardinal : 20 ~ 59			
vingt	trente	quarante	cinquante
vingt et un	trente et un	quarante et un	cinquante et un
vingt-deux			
	trente-trois		
		quarante-quatre	
			cinquante-cinq
		quarante-six	
	trente-sept		
vingt-neuf			cinquante-neuf

다. 다음 숫자를 프랑스어로 쓰세요.

1) - Tu as mon numéro de portable ?

- Non.

- 06 45 76 01 34

⇨ ______________________________

2) - Vous avez le numéro de téléphone de Pierre ?

- Non.

- 03 81 52 68 92, c'est ça ?

⇨ ______________________________

라. 다음 빈 칸에 순서대로 들어갈 알맞은 수를 넣으세요.

le nombre ordinal : 20e ~ 49^e		
vingtième	trentième	quarantième
vingt et unième	trente et unième	quarante et unième
vingt-deuxième		
vingt-quatrième		
vingt-cinquième		
		quarante-sixième
	trente-septième	
vingt-neuvième		

le nombre ordinal : 50e ~ 59^e		
cinquantième	cinquante et unième	cinquante-deuxième
		cinquante-cinquième
cinquante-neuvième		

마. 다음 물음에 알맞은 답을 넣으세요.

1) Vous avez cours quels jours ?

⇨ ____________________

2) Le vendredi, vous avez quels cours ?

⇨ ____________________

3) Vous avez des cours dans quelle salle ?

⇨ ____________________

4) Vous déjeunez à quelle heure ?

⇨ ____________________

5) Dans quel centre de sport vous faites du sport ?

⇨ ____________________

6) Dans quel supermarché vous faites des courses ?

⇨ ____________________

7) Vous avez des réunions cette semaine ?! Quels jours ?

⇨ ____________________

8) Vous allez dans le Midi ?! Vous visitez quelles villes, alors ?

⇨ ____________________

바. 다음 보기에서 알맞은 표현을 골라 빈 칸에 넣으세요.

[보기] au revoir, merci beaucoup, bonjour, de rien, s'il vous plaît

- ____________, madame. Nous venons pour le cours de ski.
- Oui, vos noms, ______________________________
- Kim Younghee et Lee Cheolsu.
- Le cours commence lundi.
- Entendu. ______________, madame.______________
- ______________________ À lundi.

> L'université CBNU est en relation de jumelage avec les universités de Franche-Comté, Lyon II, Bordeaux Montaigne, Angers, Montpellier et Aix-Marseille. Avec l'université de Tours-Rablais cette relation est en cours de création.
>
> Des stagiaires français en FLE* y viennent de diverses universités. Ils sont tous intéressés par la langue française. Ils aiment beaucoup être en contact avec les étudiants coréens.
>
> * FLE : Français Langue Etrangère

♧ le système de l'université en France

Licence : Bac + 3

Master : Bac + 5

Doctorat : Bac + 8

« le système LMD »

제 7과 이동수단 설명하기

♧ 다음은 Festival 7과 내용입니다. 한국어 문장을 프랑스어로 쓰세요.

Au téléphone

Victore : Salut Marc ! 토요일에 너 뭐하니?

Marc : Mais enfin ! 너도 알다시피, 우리 Nantes에 가잖아. 할머니 생신이잖아.

Victor : Ah oui, c'est vrai. 몇시에?

Marc : Montparnasse역에서 8시에 TGV로.

Victor : 너가 기차표 살거지?

Marc : Oui, pas de problème.

Victor : 너 택시타고 역에 가니?

Marc : 아니, 지하철 타. Saint-Lazare - Montparnasse, c'est direct. Et toi ?

Victor : Moi, 우선 아무 버스나 타, ensuite le RER A1. Je change à Charles de Gaulle et je prends la ligne 6 jusqu'à Montparnasse. Ouf ! C'est long !

Marc : 그럼, 너 토요일에 우리집에 올거지?

Victor : Non merci, c'est gentil, mais je suis fatigué. Pérou 갔다 오는 길이야.

Marc : 근데 너 곧 일본 가잖아. 안그래?

Victor : 그래. 근데 그보다 먼저 중국에 가.

Marc : Oh là là ! 난, 비행기 너무 싫어. 걸어서 가거나 자전거로 가는 걸 더 좋아해.

출처: S. Poisson-Quinton et ali.(2005), *Festival* 1, p. 42.

7과 목표

1. 동사 활용 : faire, prendre
2. 의문문 만들기
3. aller / venir + 장소 전치사 + 도시·국가 고유명사
4. aller / partir + en + 교통수단 명사
5. prendre + 한정사 + 교통수단 명사

« Je préfère aller à vélo. »

1. 동사 활용 : 문장에서 사용되는 동사 형태는 동사 원형과 다르다.

원형	현재 형태	
faire	je fais	nous faisons
	tu fais	vous faites
	il fait	ils font
	elle fait	elles font

가. 다음 빈 칸에 동사 faire의 알맞은 변화 형태를 넣으세요.

1) Je ________ le ménage.　　2) Nous ________ des études.

3) Tu ________ la vaisselle.　　4) Vous ________ à manger ?

5) Il ________ la cuisine.　　6) Elles ________ la queue.

원형	현재 형태	
prendre	je prends	nous prenons
	tu prends	vous prenez
	il prend	ils prennent
	elle prend	elles prennent

나. 다음 빈 칸에 동사 prendre의 알맞은 변화 형태를 넣으세요.

1) Je ________ une pomme.　　2) Nous ________ des pommes.

3) Tu ________ une lettre.　　4) Vous ________ des lettres.

5) Il ________ une place.　　6) Ils ________ des places.

7) Elle ________ une rose.　　8) Elles ________ des roses.

2. 의문문 만들기

2-1. 입말 의문문 : 입말체에서 사용하며 문장 끝을 올린다.

Vous voulez un café ?

Tu as cours maintenant ?

2-2. 의문사 의문문 : 의문사를 문장 앞에 붙여 사용한다. 입말 의문문만큼 문장 끝을 올리지 않는다.

Est-ce que vous voulez un café ?

Qu'est-ce que tu fais samedi ?

의문사 qui ?, où ?, comment ?, quand ?, combien ? pourquoi ?는 문장 앞 또는 문장 뒤에서 사용할 수 있다.

의문사 que ?는 문장 앞에서 사용하며, 문장 끝에서는 quoi ? 형태로 사용한다.

Que faire ?　　Faire quoi ?

다. 다음 빈 칸에 qu'est-ce que, est-ce-que 중 알맞은 것을 골라 넣으세요.

1) ______________________ vos parents font dans la vie ?

2) ______________________ vos enfants veulent prendre ma voiture ?

3) ______________________ tu vas en France l'an prochain ?

4) ______________________ nous prenons le train à la gare du Nord ?

5) ______________________ Julie et Marie reviennent de Chine ?

3. aller / venir + 장소 전치사 + 도시 · 국가 고유명사[6]

(1) aller + 전치사 + 도시 · 국가 고유명사

1 aller + à :

① aller à + 도시 고유명사

Paris, Londres, New-York, Sidney, Séoul, Tokyo, Pékin ...

Je vais à Paris. Tu vas à Tokyo ? Elle va à Valbonne.

② aller à + 무관사 국가 고유명사

Singapour, Madagascar, Taïwan, Chypre, Cuba, Malte ...

Nous allons à Singapour. Vous allez à Madagascar ?

2 aller au + 자음으로 시작되는 단수 남성국가 고유명사

le Japon, le Danemark, le Mexique, le Cambodge, le Pérou ...

Pierre et Paul vont au Japon. Erika va au Cambodge.

3 aller aux + 복수 남성 · 여성 국가 고유명사

les Etats-Unis, les Philippines, les Antilles, les Bahamas ...

Je vais aux Etats-Unis. La famille de Dany habite aux Antilles.

Paul va aux Philippines pour les vacances d'été.

6 정관사를 취하는 장소 명사는 모두 포함된다.

4 **aller + en :**

① aller en + 자음으로 시작되는 단수 여성국가 고유명사

la France, la Bolivie, la Chine, la Corée, la Finlande, la Côte d'Ivoire ...

Yujin va en France.   Nous allons en Chine.

② aller en + 모음으로 시작되는 단수 남성 · 여성 국가 고유명사

l'Angleterre, l'Equateur, l'Iran, l'Ouzbékistan, l'Ukraine, l'Inde ...

Céline va en Angleterre.   Cheolsu va en Iran.

Fabienne et moi, nous allons en Equateur. Vous allez en Ukraine ?

라. 다음 빈 칸에 알맞은 것을 넣으세요.

1) Tu vas _______ Lyon cet après-midi ?

2) Mina va _______ Angleterre dans trois ans.

3) Alice et son frère vont _______ Japon tous les vendredis.

4) Pierre est musicien. Il va _______ Etats-Unis tous les mois.

5) Mathilde et Patricia vont _______ Mexique tous les ans.

6) Jacqueline va _______ Chine pour apprendre le chinois.

7) Demain, je vais _______ Taïwan et ma femme _______ Philippines.

8) Anna va _______ Grèce pour ses cours de master.

9) Marie va _______ Inde pour pratiquer le yoga.

(2) venir + 장소 전치사 + 도시 · 국가 고유명사

1 venir + de :

① venir de + 도시 고유명사

Paris, Londres, New-York, Sidney, Séoul, Tokyo, Pékin ...

Je viens de Paris. Tu viens de Tokyo ? Elle vient de Sidney.

② venir de + 무관사 국가 고유명사

Singapour, Madagascar, Taïwan, Chypre, Cuba, Malte ...

Nous venons de Singapour. Vous venez de Madagascar ?

③ venir de + 자음으로 시작되는 단수 여성국가 고유명사

la France, la Bolivie, la Chine, la Corée, la Finlande, la Côte d'Ivoire ...

Yujin vient de France. Nous venons de Chine.

2 venir d' + 모음으로 시작되는 단수 남성 · 여성 국가 고유명사

l'Angleterre, l'Equateur, l'Iran, l'Ouzbékistan, l'Ukraine, l'Inde ...

Céline vient d'Angleterre. Cheolsu vient d'Iran.

Abdoula vient d'Ouzbékistan.

3 venir du + 자음으로 시작되는 단수 남성국가 고유명사

le Japon, le Danemark, le Mexique, le Cambodge, le Pérou ...

Pierre et Paul viennent du Japon. Erika vient du Cambodge.

4 venir des + 복수 남성 · 여성 국가 고유명사

les Etats-Unis,	les Philippines,	les Antilles,	les Bahamas ...

John vient des Etats-Unis, mais il travaille en Corée.

Mathilda et son mari viennent des Bahamas.

마. 다음 빈 칸에 알맞은 것을 넣으세요.

1) Les beaux-parents de Cheolsu viennent ________ Danemark.

2) Tu viens ________ Antilles ?

3) John et Paul viennent ________ Etats-Unis.

4) Nous venons ________ Franche-Comté.

5) Vous venez ________ Tokyo ?

6) Qui vient ________ Iran parmi vous ?

7) Ces objets viennent ________ Chine.

8) Vos parents et vous, vous venez ________ Naju ?

« C'est Naju. »

4. aller / partir + en + 교통수단 명사

	전치사 + 교통수단 명사	
aller / partir	en	avion
		bateau
		train
		TGV
		TER
		RER
		métro
		bus
		car
		tramway
		voiture
		taxi
⚠ **aller à pied / à cheval / à vélo**		

« On va en voiture. »

« Je vais en bateau. »

바. 다음 빈 칸에 알맞은 것을 넣으세요.

1) Mélanie et Anne vont ______ bus.

2) Emilie va ______ avion.

3) Thomas va ______ tramway.

4) Bernard part ______ car.

5) Léna va ______ TGV à Paris.

6) Boa va ______ TER.

7) Anna et toi, vous allez ______ RER ?

8) Sophie va ______ métro.

9) Jules et Jim vont ______ taxi.

10) Marine va ______ train.

5. prendre + 한정사[7] + 교통수단 명사

<table>
<tr><td rowspan="13">prendre</td><td colspan="2">한정사 + 교통수단 명사</td></tr>
<tr><td colspan="2">l'avion</td></tr>
<tr><td rowspan="8">le</td><td>bateau</td></tr>
<tr><td>train</td></tr>
<tr><td>TGV</td></tr>
<tr><td>TER</td></tr>
<tr><td>RER</td></tr>
<tr><td>métro</td></tr>
<tr><td>bus</td></tr>
<tr><td>car</td></tr>
<tr><td rowspan="2">la / ma</td><td>voiture</td></tr>
<tr><td>moto</td></tr>
<tr><td>un</td><td>taxi</td></tr>
</table>

« Je prends le tramway. »

« On prend le car. »

사. 다음 빈 칸에 알맞은 것을 넣으세요.

1) Mélanie prend ______ bus.

2) Emilie prend ______ avion.

3) Thomas prend ______ train.

4) Bernard prend ______ bateau.

5) Léna prend ______ TGV.

6) Boa prend ______ TER.

7) Anna prend ______ RER.

8) Sophie prend ______ métro.

9) Jules prend ______ taxi.

10) Marine prend ______ voiture.

---

7 한정사는 정관사, 부정관사, 소유형용사, 지시형용사를 포함하는 문법 용어이다.

♧ A Paris il y a 6 gares importantes. (인터넷을 검색할 것)

La gare de Lyon pour aller ______________________________

La gare du Nord pour aller ______________________________

La gare de l'Est pour aller ______________________________

La gare d'Austerliz pour aller ______________________________

La gare Montparnasse pour aller ______________________________

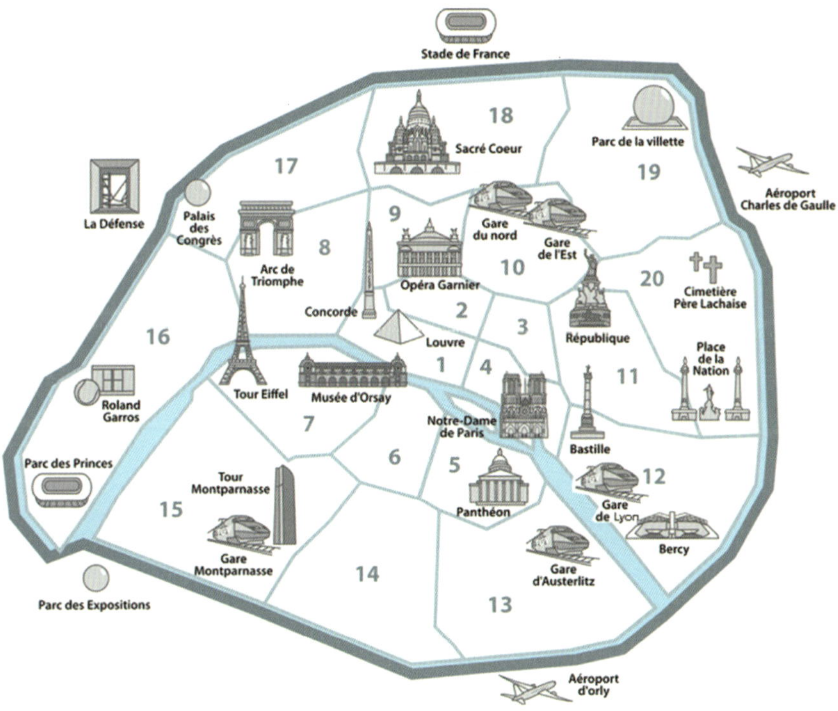

아. 다음 물음에 답하세요.

Il manque une gare sur cette carte. Cherchez cette gare sur Internet.

Comment s'appelle-t-elle ? ______________________________

제 8과 길찾기

♧ 다음은 Festival 8과 내용입니다. 한국어 문장을 프랑스어로 쓰세요.

① Allyson : Pardon monsieur, où est le BHV, s'il vous plaît ?

Le monsieur : Oh là là, 길을 잃었군요. 여기는 센강 좌편이고 BHV는 센강 우편에 있어요.

Allyson : 그럼, 제가 뭘 해야 하죠?

Le monsieur : 지도 하나 안 가지고 있어요?

② Le monsieur : Bien. Regardez. Nous sommes boulevard Saint-Germain, à l'angle du boulevard Saint-Michel. Vous prenez le boulevard Saint-Michel jusqu'à la Seine. Vous arrivez sur le pont Saint-Michel, vous traversez. Vous continuez par le boulevard du Palais, toujours tout droit. Ensuite, prenez le Pont au Change et tournez à droite, quai de Gesvres.

Allyson : 거리가 머네요.

Le monsieur : 아이고 아니에요, 멀지 않아요!

Allyson : 직접 가는 버스 있나요?

Le monsieur : 아니요. 그렇지 않을 거에요. 자, 당신은 젊잖아요. 걸어갈 수 있어요. 건강을 위해 좋아요.

Allyson : Hum... Et après le quai...

Le monsieur : 시청광장까지 곧장 걸어가세요. Le BHV se trouve de l'autre côté, rue de Rivoli.

Allyson : Au revoir. Merci beaucoup.

Le monsieur : Je vous en prie.

출처: S. Poisson-Quinton et ali.(2005), *Festival* 1, p. 46.

8과 목표

1. 동사 활용 : pouvoir, changer
2. 명령법
3. 부정문

« un plan de Paris »

1. 동사 활용 : 문장에서 사용되는 동사 형태는 동사 원형과 다르다.

원형	현재 형태	
pouvoir	je peux	nous pouvons
	tu peux	vous pouvez
	il peut	ils peuvent
	elle peut	elles peuvent

원형	현재 형태	
changer	je change	nous changeons
	tu changes	vous changez
	il change	ils changent
	elle change	elles changent

가. 다음 괄호 안의 동사를 알맞은 변화 형태로 넣으세요.

1) Dominique et Daniel (pouvoir) goûter le kimchi.

2) Allyson (pouvoir) prendre l'avion pour aller à Paris.

3) Clémentine (pouvoir) aller aux Etats-Unis.

4) Je (pouvoir) prendre le bus pour aller chez Michel ?

5) Toi et moi, nous (prendre) le métro et (changer) à Montparnasse.

6) Juliette et Sylvie (pouvoir) chanter des chansons coréennes.

2. 명령법(l'impératif)

일반 문장		명령법 문장
Sujet + Verbe + ...	⇨	~~(Sujet)~~ Verbe + ...
Tu prends le bus 228.	⇨	Prends le bus 228.
Nous faisons un gâteau ce soir.	⇨	Faisons un gâteau ce soir.
Vous travaillez le matin très tôt.	⇨	Travaillez le matin très tôt.

aller와 규칙동사 -er은 2인칭 단수 명령법 문장에서 동사 끝의 철자 -s를 생략한다.

~~Vas~~ à la gare (×) ⇨ Va à la gare !

~~Chantes~~ fort (×) ⇨ Chante fort !

나. 다음 동사를 각 인칭에 알맞은 명령법 문장으로 만드세요.

1) parler plus fort

⇨ ______________________

⇨ ______________________

⇨ ______________________

2) venir plus vite

⇨ ______________________

⇨ ______________________

⇨ ______________________

3) aller plus loin

⇨ ______________________

⇨ ______________________

⇨ ______________________

4) acheter les billets de train

⇨ ______________________

⇨ ______________________

⇨ ______________________

3. 부정문(1) : 부정사 ne ... pas를 사용한다.

Sujet ne (n') + verbe + pas

Sophie travaille demain. ⇨ Sophie ne travaille pas demain.

Pierre est grand. ⇨ Pierre n'est pas grand.

Pauline et Alline adorent les plats coréens.

⇨ Pauline et Alline n'adorent pas les plats coréens.

다. 다음 문장을 부정문으로 만드세요.

1) Vous êtes perdu. ⇨ ______________________

2) C'est un garçon. ⇨ ______________________

3) C'est très beau. ⇨ ______________________

4) Je fais le ménage. ⇨ ______________________

5) Tu fais la cuisine ? ⇨ ______________________

6) Nous aimons les fruits. ⇨ ______________________

7) Vous marchez vite. ⇨ ______________________

8) Tu vas plus loin ? ⇨ ______________________

9) Vous aimez les fruits ? ⇨ ______________________

10) Paul marche tous les jours. ⇨ ______________________

라. 다음 질문에 부정문으로 답하세요.

1) Virgil et Clément aiment la cuisine coréenne ?

⇨ ______________________________

2) Les amis de Jacqueline et toi, vous partez à Paris demain matin ?

⇨ ______________________________

3) Léo et toi, vous vous installez à Strasbourg l'an prochain ?

⇨ ______________________________

4) Tes parents habitent à Nice actuellement ?

⇨ ______________________________

5) Pauline et Pierto viennent chez toi aujourd'hui ?

⇨ ______________________________

6) Nikos, tes nouveaux voisins sont à la fac ?

⇨ ______________________________

7) Tu conduis la voiture jusqu'à l'Hôtel de Ville ?

⇨ ______________________________

8) Tu peux prêter le vélo aux voisins ?

⇨ ______________________________

마. 다음 빈 칸에 알맞은 것을 넣으세요.

1) - Je voudrais aller ________ Musée d'Orsay, s'il vous plaît.

- Vous prenez ________ métro et descendez à la station de Musée d'Orsay.

2) - Pardon, monsieur, pour aller à Montmartre, il faut faire quoi ?

- Vous pouvez y aller ________ pied. Vous marchez ________ droit.

- C'est loin ?

- Non, ce n'est pas loin. C'est à 10 minutes ________ pied seulement.

3) - S'il vous plaît, je voudrais aller ________ la gare Montparnasse.

- Ah, vous prenez ________ bus n° 91.

- Je ne peux pas prendre ________ métro ?

- Si. Mais c'est plus pratique ________ bus.

- Entendu. Merci beaucoup.

바. 다음 질문에 답하세요.

1) Comment vous vous appelez ? ⇨ ____________________

2) D'où venez-vous ? ⇨ ____________________

3) Qu'est-ce que vous faites dans la vie ? ⇨ ____________________

4) Où habitez-vous ? ⇨ ____________________

5) Etes-vous marié ? / Etes-vous mariée ? ⇨ ____________________

사. 다음 설명과 관계가 있는 단어를 보기에서 골라 넣으세요.

[보기] ① une semaine ② un mois ③ un an ④ un carnet

1) pendant 12 mois complets : ______________________

2) la période de sept jours : ______________________

3) une trentaine de jours : ______________________

4) l'ensemble de billets, de tickets : ______________________

아. 서로 관계있는 것끼리 짝지으세요.

1) le métro	① à l'arrêt
2) le bus	② à la station
3) l'avion	③ à la gare
4) le train	④ à l'aéroport

자. 다음 줄임말의 본래 명칭을 쓰세요. (사전을 참조할 것)

1) le RER : le Réseau ______________________

2) la RATP : la Régie ______________________

3) la SNCF : la Société ______________________

차. 지도를 보고 가고 싶은 도시를 골라 다음 보기처럼 교통수단과 함께 문장을 만들어 보세요.

> [보기] Je vais à Besançon en train.
> Je prends le train pour aller à Besançon.

____

____

____

제 9과 물건 구매하기

♧ **다음은 Festival 9과 내용입니다. 한국어 문장을 프랑스어로 쓰세요.**

①. Le vendeur : Bonjour, mademoiselle. 자, 오늘은 무엇을 사시겠어요?
Marion : 멜론 하나 주세요. 얼마죠?
Le vendeur : 한 개당 2유로 10해요. Ils sont excellents.
Marion : 좋아요. 그러면 멜론 한 개, 당근 1킬로 주시고, 토마토도 주세요.
Le vendeur : 토마토 얼마나 사실거에요? 2 킬로요? 2 킬로에 3 유로합니다.
Marion : 아니에요. 1 킬로로 충분해요.

②. Le vendeur : Et avec ça ? Vous voulez de la salade ? Des avocats ? Ils sont superbes et ce n'est pas cher. 아니면 시금치는요? 건강에 좋잖아요.
Marion : Une salade, s'il vous plaît. 키위 있나요?
Le vendeur : Ah non, 오늘은 키위 없어요. 그치만 사과, 배가 있어요. 또...
Marion : Non, merci. 이게 전부에요. 전부 얼마인가요?
Le vendeur : Alors ... Un melon, deux euros dix. Les carottes, un euro trente. Les tomates, un euro quatre-vingt. La salade, soixante-dix centimes. En tout, ça fait cinq euros quatre-vingt-dix.
Marion : Voilà. Au revoir, monsieur.
Le vendeur : Eh mademoiselle ! 거스름돈요. Dix centimes.
Marion : Ah oui. Merci. Au revoir.

출처: S. Poisson-Quinton et ali.(2005), *Festival* 1, p. 54.

9과 목표

1. 동사 활용 : vouloir
2. C'est ... 구문
3. 부분관사
4. 부정문 : ne pas ... de
5. 전치사 à, chez

« Je suis au marché. »

1. 동사 활용 : 동사 원형과 문장 안에 사용되는 동사 형태가 다르다.

원형	현재 형태	
vouloir	je veux	nous voulons
	tu veux	vous voulez
	il veut	ils veulent
	elle veut	elles veulent

가. 다음 빈 칸에 동사 vouloir의 알맞은 변화 형태를 넣으세요.

1) Nous _______ aller aux Galeries Lafayette.

2) Tu _______ acheter combien de melons ?

3) Patricia _______ aller à la gare en taxi. Elle est folle ou quoi !

4) Sandra _______ prendre deux kilos de tomates et deux avocats.

5) Arthur et Marion _______ avoir une grande voiture, car ils ont trois enfants.

6) Fabrice et vous, vous _______ prendre le petit déjeuner au café ?

7) Virgil _______ partir dans des pays inconnus.

8) Clément et Mathilde _______ vivre ensemble en ville.

9) Emma et moi, nous _______ partir à Paris.

10) Jacqueline _______ dormir très tôt ce soir.

나. 다음 보기에서 적합한 동사를 골라 알맞은 변화 형태를 빈 칸에 넣으세요. (중복가능)

[보기] pouvoir savoir vouloir aimer préférer détester

1) - Je ___________ aller aux Galeries Lafayette à pied ?

   - Oui. Vous prenez la deuxième rue à gauche et après c'est tout droit.

2) - Tu ___________ venir avec moi à l'université pour l'inscription ?

   - Si tu ___________.

3) - Il paraît que vous ___________ aller au marché le samedi ?

   - Eh oui ! Il y a trop de monde le samedi.

4) - Qu'est-ce que vous ___________ boire ?

   - Je ___________ boire de la bière.

5) - Vous ___________ nager ?

   - Oui, bien sûr.

« Un kilo d'oranges s'il vous plaît. »

2. C'est ... 구문

C'est + nom : C'est un livre.

Ce sont + nom : Ce sont des livres.

C'est + pronom : C'est moi.

C'est + nom propre : C'est Pierre.

C'est + interrogatif : C'est où ? / C'est combien ? / C'est qui ? / C'est quoi ? / C'est quel jour ? / C'est quand ? / C'est pourquoi ?

C'est + adverbe : C'est bien.

C'est + adjectif : C'est bon.

C'est + nombre : C'est trois euros.

다. 다음 물음에 답하세요.

1) Qu'est-ce que c'est ?

C'est (Ce sont) ______________________________

C'est un ______________________________

2) Qu'est-ce que c'est ?

C'est (Ce sont) ______________________________

C'est un ______________________________

3. 부분관사(l'article partitif) : 셀 수 없는 명사와 함께 사용한다.

du (de l') + 남성 단수 명사	de la (de l') + 여성 단수 명사

(1) du / de la / de l' + 추상명사

- du courage, de la paix, de l'évidence, de la puissance

(2) du / de la / de l' + 물질명사

- de la terre, du vent, du soleil, de la pluie, de la neige, de l'air

(3) du / de la / de l' + 셀 수 없는 먹거리 명사

- du vin, du cidre, du café, du chocolat, du lait, du jus, de la bière, de l'eau
- du melon, du pamplemousse, de la pastèque, de l'avocat, de l'ananas
- du beurre, de la confiture, de la purée, de la limonade, de la soupe
- du raisin, du cresson, de la mâche, de l'ail, du maïs
- du pain, du fromage, de la salade, de la viande

Je voudrais du jambon cru comme entrée.

Tu veux prendre du bœuf comme viande ?

Sophie veut prendre du gâteau, mais Pierre préfère prendre de la glace.

(4) du / de la / de l' + 먹거리 이외의 셀 수 없는 명사

- du muguet, du mimosa

On offre du muguet le 1er mai.

On vend du mimosa au marché couvert en hiver.

« du mimosa »

라. 다음 빈 칸에 알맞은 것을 넣으세요.

1) - Oh, on achète ________ abricots ? Ils sont superbes !

- Mais, huit euros cinquante le kilo, c'est cher !

- Ah bon, tu trouves ?

- Je voudrais plutôt ________ ananas. C'est combien, monsieur ?

- 2 euros, mais 3 euros les deux.

2) - Qu'est-ce qu'on prend pour ce soir ?

- Il nous faut __________ haricots verts, __________ pommes de terre, __________ salade, __________ boîte de thon, __________ œufs, __________ tomates.

- Et __________ fruits ? Je voudrais __________ fraises, moi !

- D'accord. __________ fraises.

- __________ crème chantilly aussi !

- OK. Qu'est-ce qu'il nous faut encore ?

- __________ oranges, __________ bananes, __________ sucre pour la salade de fruits.

마. 다음 빈 칸에 알맞은 것을 넣으세요.

1) Marion veut faire ______ gâteau aux carottes. Elle va ______ supermarché pour acheter ______ carottes et ______ œufs. Et aussi ______ tomates. Parce qu'elle veut faire ______ salade de tomates comme entrée. Elle prend aussi ______ laitue, ______ olives, ______ boîte de thon et ______ échalotes.

2) Mais Marion doit préparer ______ bœuf bourguignon pour le plat principal. Il lui faut alors ______ bœuf, ______ oignons, ______ beurre, ______ bouteille de vin de table et ______ bouquet garni.

3) Son mari, Bernard, n'aime pas ______ bœuf. Lui, il préfère ______ poulet. Alors il veut préparer ______ coq au vin pour lui-même. Il achète ______ coq en morceaux, ______ champignons de Paris, ______ gousses d'ail, ______ oignons et ______ bouteille de vin rouge corsé.

바. 다음 1)과 2)의 차이를 설명하세요.

1) Maman, je voudrais une salade de fruits.

2) Maman, je voudrais de la salade de fruits.

____

____

사. 다음 단어들을 알맞게 배열하세요.

1) mère / des / Ma / au / achète / marché. / cerises

⇨ ____

2) Les / adorent / ananas. / bananes / enfants / les / et / les

⇨ ____

3) ai / haricots / sont / J'/ verts : / des / superbes. / ils

⇨ ____

4) oranges. / fruits, / faire / salade / de / il faut / une / Pour / des

⇨ ____

아. 다음 빈 칸에 알맞은 것을 넣으세요. (사전을 참조할 것)

1) Thomas fait des courses. D'abord, il va chez l'épicier Jules pour acheter ______ blé, ______ riz, ______ sucre et ______ biscuits. Ensuite, il va au supermarché pour acheter ______ vin, ______ jus de fruits et ______ eau.

2) Patricia invite des amis ; c'est son anniversaire. Alors, elle fait des courses pour préparer des plats traditionnels. Elle achète ______ côtelettes de mouton, ______ œufs, ______ oignons, ______ poivrons verts. Elle veut faire un gâteau d'anniversaire aussi. Alors, elle prend ______ farine, ______ beurre, ______ lait, ______ sucre vanillé et ______ sachet de levure.

자. 다음 빈 칸에 알맞은 것을 넣으세요.

1) - Est-ce que vous aimez ________ avocats ?

- Oui, mais avec ________ sauce au citron vert.

2) - Est-ce que vous aimez ________ foie gras ?

- Oui. J'aime ça avec ________ vin sucré.

3) - Est-ce que vous aimez ________ melons ?

- Oui, beaucoup. ________ melon en salade comme entrée, c'est très bon.

4) - Vous prenez ________ viande ou ________ poisson ?

- Moi, je voudrais plutôt ________ salade : je n'ai pas faim.

5) - Vous avez soif ? Vous voulez boire quelque chose de frais ?

- Oui, ________ eau, s'il vous plaît.

6) - Les enfants, vous devez prendre ________ fruits.

- Oui, maman.

차. la crémerie에서 구입할 수 있는 것을 모두 고르세요.

① du lait ② des tomates ③ des soles ④ de l'agneau

⑤ des œufs ⑥ du beurre ⑦ des yaourts ⑧ du café

⑨ des olives ⑩ de l'eau ⑪ du pain ⑫ des croissants

⑬ du fromage ⑭ de la crème fraîche ⑮ de la bière

카. 다음 보기에서 알맞은 양의 단위를 골라 넣으세요. (사전과 인터넷을 참조할 것)

> [보기] un litre de, un paquet de, un morceau de, une boîte de,
> une plaquette de, une tablette de, une bouteille de, un pot de
> un sac de, un filet de, un tube de, une tasse de, un verre de

1)
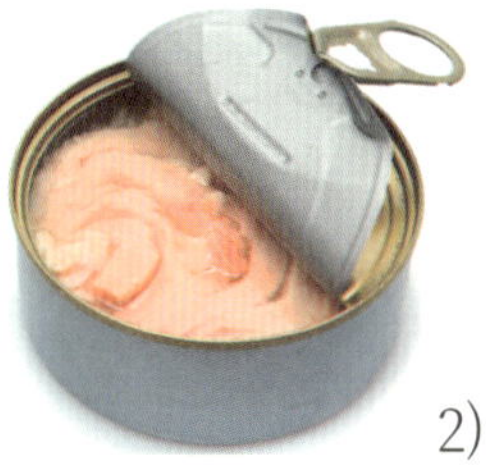
2)

3)

4)

1) Je voudrais ________________________ céréales.

2) Je voudrais ________________________ thon.

3) Je voudrais ________________________ beurre.

4) Je voudrais ________________________ morbier.

5)

6)

7)
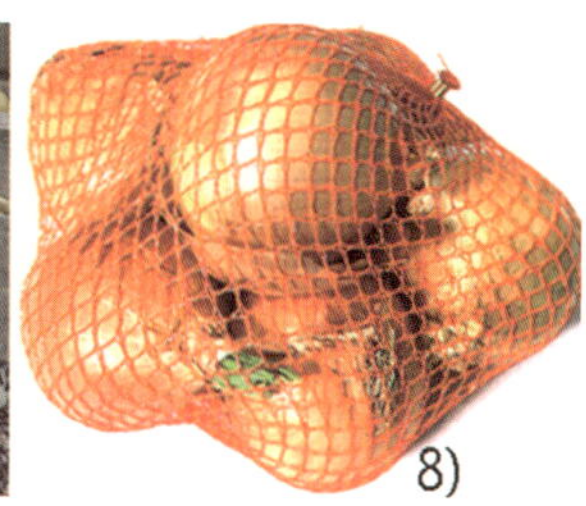
8)

5) Je voudrais ________________________ yaourt.

6) Je voudrais ________________________ sardines.

7) Je voudrais ________________________ pommes de terre.

8) Je voudrais ________________________ oignons.

9) Je voudrais ____________________ lait.

10) Je voudrais ____________________ lait.

11) Je voudrais ____________________ chocolat.

12) Je voudrais ____________________ chocolat.

타. 다음 물음에 답하세요.

1) Qu'est-ce qu'il y a dans ce bol ?

Il y a ______________________

2) Qu'est-ce qu'il y a sur l'assiette ?

Il y a ______________________

____

파. 다음 먹거리를 구입할 수 있는 매장을 보기에서 골라 넣으세요. (인터넷을 참조할 것)

[보기] ① une boulangerie-pâtisserie ② une fromagerie ③ une boucherie ④ une charcuterie ⑤ une poissonnerie ⑥ une crémerie ⑦ un magasin de primeurs ⑧ une chocolaterie

답: ______________________

답: ______________________

답: ______________________

4. 부정문(2) : ne pas ... de

부정문 (복습)
Sujet ne (n') + verbe + pas

직접목적보어에 사용된 부정관사(un, une, des)와 부분관사(du, de la, de l')는 부정문에서 de로 바뀐다.

Tu prends un dessert ? ⇨ Non, je ne prends pas de dessert.

Sophie veut du café ? ⇨ Non, elle ne veut pas de café.

하. 다음 물음에 부정문으로 답하세요.

1) Tu prends des tomates ?

⇨ Non, ______________________

2) Monsieur, vous avez des épinards aujourd'hui ?

⇨ Non, ______________________

3) Ce marchand de légumes a de la salade verte ?

⇨ Non, ______________________

4) Vous avez de la monnaie, s'il vous plaît ?

⇨ Non, ______________________

5) Pauline, tu as des pommes de terre ?

⇨ Non, ______________________

5. 전치사 à, chez

à + 직업명사 = chez 人

Je vais au cabinet médical. Je vais chez le médecin.

Je vais à la crêperie. Je vais chez le crêpier. Je vais chez la crêpière.

가. 다음 빈 칸에 알맞은 여성 형태를 넣으세요.

à	la boulangerie	chez	le boulanger et la ______________
	la pâtisserie		le pâtissier et la ______________
	la crèmerie		le crémier et la ______________
	l'épicerie		l'épicier et la ______________
	la boucherie		le boucher et la ______________
	la charcuterie		le charcutier et la ______________
	la poissonnerie		le poissonnier et la ______________
	la pharmacie		le pharmacien et la ______________

냐. 다음 빈 칸에 순서대로 들어갈 알맞은 수를 넣으세요.

le nombre cardinal : 60 ~ 99			
soixante	soixante-dix	quatre-vingts	quatre-vingt-dix
soixante et un	soixante et onze	quatre-vingt-un	quatre-vingt-onze
	soixante-douze	quatre-vingt-deux	
	soixante-dix-sept		
soixante-neuf	soixante-dix-neuf	quatre-vingt-neuf	quatre-vingt-dix-neuf

« Vous êtes à table. Mais que faites-vous ? »

다. 다음 빈 칸에 순서대로 들어갈 알맞은 수를 넣으세요.

le nombre ordinal : 60e ~ 89e		
soixantième	soixante-dixième	quatre-vingtième
soixante et unième	soixante et onzième	quatre-vingt-unième
	soixante-douzième	quatre-vingt-deuxième
	soixante-dix-septième	
soixante-neuvième	soixante-dix-neuvième	quatre-vingt-neuvième

« C'est une boulangerie. »

제 10과 음식 주문하기

♧ 다음은 Festival 10과 내용입니다. 한국어 문장을 프랑스어로 쓰세요.

① Yukiko : 여기서 점심 먹을까?
Chris : D'accord.
Le serveur : Bonjour, messieurs-dames. Vous déjeunez dedans ou dehors ?
Chris : (à Yuki) 안에서 먹자, 응? (au serveur) Dedans, s'il vous plaît.
Le serveur : 잠시만요. J'arrive ! Tenez, voilà la carte.

② Chris : Il y a un menu à 14,80 euros. Ça va. 전채요리로 뭘 먹을래?
Yu kiko : 뭐가 있지?
Chris : Il y a du pâté, du saucisson, des tomates ...
Yuki : Du pâté pour moi. Et pour toi ?
Chris : Moi, 나는 토마토 샐러드 먹을래. 그리고 생선 먹을거야. 이게 오늘의 요리이네.
Yuki : 그래. 나도 생선으로 먹을래.

③ Le serveur : 자, 무엇을 드시겠어요?
Chris : D'abord, du pâté et une salade de tomates. 오늘의 요리 2 주세요.
Le serveur : 그리고 마실 것은 무엇으로 하시겠어요? du vin ? de l'eau ?
Chris : Yuki, 너 뭐 마실래? 화이트 와인 마실까?
Yuki : Oui, 좋은 생각이야!
Chris : Alors, une demi-bouteille de muscadet. 물주세요. 그냥 물로 주세요.
Le serveur : Très bien.

④ Le serveur : Fromage ou dessert ? 과일설탕절임, 아이스크림, 케이크 ... 있어요.
Yuki : 저는 초콜릿 아이스크림 주세요.
Le serveur : 선생님도 아이스크림 드시겠어요?
Chris : 아니요. 커피만 할거에요. Yuki, 너도 커피 마실래?
Yuki : 아니. 난 커피를 싫어해.
Chris : Alors, une glace et un café. 그리고 계산서 가져다 주세요.
Le serveur : 그럼, 정식 2, 뮈스카데 반병, 커피 1, 전부 43유로 60이에요. 봉사료 포함된 가격입니다. 무엇으로 지불하시겠어요? par carte ? en liquide ?

출처: S. Poisson-Quinton et ali.(2005), *Festival* 1, p. 58.

10과 목표

1. 동사 활용 : payer
2. 대명사 on
3. 부분관사의 사용
4. 내용물 : N1 de N2
5. 특징 : N1 à N2

1. 동사 활용 : 문장에서 사용되는 동사 형태는 동사 원형과 다르다.

원형	현재 형태	
payer	je paie	nous payons
	tu paies	vous payez
	il paie	ils paient
	elle paie	elles paient

2. 대명사 on

사람을 지칭하는 대명사로 주어 자리에만 사용한다. on이 화자를 포함하면 nous와 같은 의미이다.

A : On va au ciné, ce soir. Tu viens avec nous ?

B : Avec plaisir !

3. 부분관사의 사용

à table	au marché / au restaurant / au café
manger / prendre / vouloir ... +	acheter / prendre / vouloir ... +
Je voudrais de la salade ...	Je voudrais une salade ...
Je voudrais du melon ...	Je voudrais un melon ...
Je voudrais du poulet ...	Je voudrais un poulet ...
Je voudrais du poisson ...	?? Je voudrais un poisson ...
Je voudrais du lapin ...	Je voudrais un lapin ...

à table	au marché / au restaurant / au café
manger / prendre / vouloir ... +	acheter / prendre / vouloir ... +
Je voudrais du bœuf ...	?? Je voudrais un bœuf ...
Je voudrais du porc ...	?? Je voudrais un porc ...
Je voudrais du mouton ...	?? Je voudrais un mouton ...

à table	au marché / au restaurant / au café
manger / prendre / vouloir ... +	acheter / prendre / vouloir ... +
Je voudrais du pain ...	?? Je voudrais un pain ...
Je voudrais de la viande ...	?? Je voudrais une viande ...
Je voudrais du fromage ...	?? Je voudrais un fromage ...

4. 내용물 : N1 de N2

Un kilo d'oranges

Une livre de framboises

Une salade de tomates

Une marmelade de citrons

Une assiette de melon

Une confiture de rhubarbe

« un kilo d'oranges »

5. 특징 : N1 à N2

« une tarte aux pommes »

Une glace à la vanille

Une glace au chocolat

Un gâteau à l'orange / un gâteau aux oranges

Un gâteau au citron / ? un gâteau aux citrons

Une tarte aux pommes / une tarte aux fraises

A la boucherie : de la viande	
une viande rouge	une viande blanche
du bœuf, du mouton, de l'agneau, du porc	du poulet, du lapin, du gibier

A la boulangerie : du pain et une viennoiserie		
un pain au chocolat	une baguette	un pain de seigle
un pain au lait	une ficelle	un pain complet
un pain aux raisins	une miche	un pain de campagne
un pain d'épices	un boulot	un pain aux céréales
un pain de mie	un croissant	un pain au levain
un pain viennois	une brioche	un pain au son

« C'est un cake au citron. »

« Il y a des tranches de pain de mie. »

가. 다음 괄호 안의 단어를 알맞은 형태로 바꾸어 넣고, 빈 칸에는 알맞은 관사를 넣으세요.

Yujin prend l'avion pour la France la semaine prochaine. Elle part avec une amie (chinois) Tchin-li. Dès qu'elles arrivent à Paris, elles vont au café des Deux Magot pour prendre _____ petit déjeuner : pour Yujin _______ pain avec _______ beurre et _______ confiture de (myrtille) ; pour Tchin-li _______ croissant, _______ miel. Et comme boisson ? _______ (grand) tasse de chocolat (chaud) pour Yujin et _______ grand café _______ lait pour sa copine.

나. 다음 빈 칸에 알맞은 단어를 넣고 그 이유를 설명하세요. (사전을 참조할 것)

1) - Chéri, on va manger _______ huîtres ce soir. Je viens d'en acheter.

- C'est une très bonne idée !! Je vais préparer _______ salade verte.
- Qu'est-ce que tu veux prendre comme dessert ?
- _______ fruits, ça me suffit.

2) - Chérie, je vais faire des courses.

- D'accord. Achète pour moi un kilo de tomates, une livre de framboises, _______ pot de confiture d'abricots, _______ yaourts au chocolat, _______ boîte de sardines, _______ bouteille d'huile, _______ paquet de café et _______ biscottes.

3) - Papa, je ne veux pas manger _______ tartines au chocolat. Je voudrais plutôt _______ croissants au beurre.

다. 다음 질문에 보기의 단어를 사용하여 답하세요.

[보기]	pain, croissant, céréales, fruit, confiture, miel, biscuits, haricots, escargots, jambon, œufs, chocolat, café, thé, lait, jus d'orange

- Qu'est-ce que vous voulez ?

- Je voudrais ______________________________

____

____

라. « un pain aux raisins »과 « une tarte au raisin »의 차이를 설명하세요.

____

____

____

____

마. «un pain de maïs»와 «un pain au maïs»의 차이를 설명하고, 다음 그림에 알맞은 명칭을 붙이세요.

____

____

____

명칭: ______________________________

바. 다음 보기에서 적당한 단어를 골라 알맞은 문장을 만드세요.

[보기] laitue, fromage de chèvre, crème fraîche, sucre, lardon, ail, noix, poivre, sel, raisin, farine, beurre, œuf, tomate

1) Pierre veut faire une salade au chèvre chaud. Alors il achète ____________

____

2) Pour le dessert, il prépare une tarte au raisin. Alors, il achète ____________

____

사. 유진은 친구 Anaëlle을 위해 한국음식을 준비합니다. 다음 빈 칸에 알맞은 관사를 넣으세요.

Pour faire du jabchai, il faut ______ vermicelles, ______ poivrons, ______ oignons, ______ épinards, ______ sauce de soja, ______ champignons parfumés et ______ huile de sésame.

아. 다음 향토음식과 관계있는 지역을 짝지어 보세요. (인터넷을 검색할 것)

① le cassoulet	ⓐ Dijon
② le bœuf bourguignon	ⓑ Strasbourg
③ la bouillabaisse	ⓒ Marseille
④ la salade niçoise	ⓓ Toulouse
⑤ la choucroute	ⓔ Saint-Malo
⑥ les galettes bretonnes	ⓕ Nice

♧ 주문에 사용되는 표현

- Qu'est-ce que vous prenez comme entrée ?
- Qu'est-ce que vous voulez comme plat ?
- Qu'est-ce que vous désirez comme dessert ?

	Je voudrais une omelette fromage avec du vin blanc. (une omelette au fromage)
	Je voudrais un sandwich jambon cru chèvre. (un sandwich au jambon cru et au fromage de chèvre)
	Je voudrais une crêpe au jambon blanc avec une bolée de cidre.
	Je voudrais un baba au rhum.

자. 다음 글을 읽고 답하세요.

1) Qu'est-ce que vous prenez au petit déjeuner ?

La plupart des Français prennent le petit déjeuner : du pain avec du beurre et de la confiture. Ils boivent du café, du thé ou du Ricoré. Pour les enfants, il vaut mieux du lait. N'oublions pas de prendre du jus de fruits. Pierre aime prendre un croissant et un jus d'orange, alors que Céline veut avoir une tartine avec du Nutella. Tous les deux ne veulent pas prendre du yaourt. Et vous ? Qu'est-ce que vous prenez au petit déjeuner ?

____

____

____

2) Est-ce que vous goûtez chez vous ?

La plupart de petits Français mangent un pain au lait, un pain au chocolat, un pain aux raisins ou une brioche à 4 heures de l'après-midi. On dit « le goûter » et aussi « quatre heures ». C'est un repas léger pris en fin d'après-midi.[8] Ils peuvent également prendre des biscuits, des fruits. Mais surtout ils n'oublient pas de prendre du Nutella avec des viennoiseries. Et vous ? Est-ce que vous prenez un goûter ?

____

____

____

8 https://fr.wikipedia.org/wiki/Go%C3%BBter 참조.

차. 다음 빈 칸에 알맞은 것을 넣으세요.

- Yujin, tu aimes ________ riz ?

- Oh oui !

- Ce soir, on va manger ________ salade ________ riz. J'aime ça !

- ________ salade ________ riz ? Je ne connais pas.

- Eh oui ! On fait ________ salade avec ________ riz cuit !

- Ah oui ? C'est intéressant ! Je suis impatiente de manger ça !

카. 다음 빈 칸에 알맞은 것을 넣으세요.

1) - Est-ce que tu aimes ________ avocats ?

- Oui, alors, je prends souvent un sanwich ________ avocat.

2) - Nous aimons ________ concombres.

- Moi aussi, j'achète souvent ________ concombres chez Pierre.

3) - Tu prends ________ pamplemousse au petit déjeuner ?

- Oui, parce que j'aime beaucoup ________ pamplemousses.

4) - Je peux manger ________ poisson tous les jours.

- Pas moi ! Je préfère ________ bœuf ou ________ porc.

- Oh là là ! Moi, j'aime mieux ________ légumes.

5) - Les Américains aiment ________ fromage ?

- Oui, ils adorent ________ camembert et ________ bri français.

타. 다음 제시된 단어들을 사용하여 글을 이어가세요.

1) [saumon, oignon, riz, pousse]

Dans ce bol, il y a ____________

____

____

2) [pâte sablée, poire, chocolat noir, œuf, crème liquide]

Pour cette tarte poire-chocolat,

il faut ________________________

____

____

3) [jaunes d'œufs, crème liquide, lait, sucre]

Pour cette crème brûlée, il faut

____

____

파. 다음 빈 칸에 알맞은 관사를 넣으세요.

J'ai ______ ami français. Il s'appelle Thomas Lebaud. Il est patron d'un café, situé au centre-ville. J'y vais souvent le soir pour me détendre. J'y ai parfois rendez-vous avec ______ amis d'enfance. Je bois ______ bière avec eux, mais avec ______ amis de la fac, je bois ______ café ou ______ thé.

하. 다음 보기에서 알맞은 단어를 골라 빈 칸에 넣으세요. (중복가능)

[보기] barquette, tranche, bouteille, boîte, tube, paquet, tablette, morceau, sac

1) Je voudrais un ____________ de fromage.

2) Je voudrais une ____________ de jambon.

3) Je voudrais une ____________ d'huile.

4) Je voudrais un ____________ de pommes de terre.

5) Je voudrais un ____________ de biscuits.

6) Je voudrais un ____________ de viande.

7) Je voudrais une ____________ de groseilles.

8) Je voudrais un ____________ de farine.

9) Je voudrais une ____________ de chocolat.

10) Je voudrais un ____________ de dentifrice.

« Les serveurs attendent des clients. »

« J'aime le bœuf bourguignon. »

Au restaurant, Paola et Monica commandent...

Paola : Qu'est-ce que tu veux, Yuki ? Du bœuf ? Du porc ? Du mouton ? Du poulet ?

Monica : Je prends du bœuf ; un bœuf bourguignon.

Paola : Moi, du porc ; une côte de porc grillée à la pomme.

Paul et Julie achètent à la boulangerie-pâtisserie des baguettes, des pains de son, des pains de campagne, des pains de mie, des pains au chocolat et aussi des tartes et des gâteaux.

« une tarte au citron »

« deux pains au chocolat »

« un pain de campagne »

갸. 다음 문장에서 잘못된 부분을 표시하고 알맞게 바꾸어 넣으세요.

1) Sophie commande des pains à la boulangerie. ⇨ ____________________

2) Paul a une viande sur son assiette. ⇨ ____________________

3) Vous voulez boire des cafés et des thés ? ⇨ ____________________

4) Les Français mangent des fromages à la fin du repas. ⇨ ____________________

5) J'achète souvent des vins de bordeaux. ⇨ ____________________

6) Tu prends comme entrée des melons aux jambons crus ? ⇨ ____________________

7) On prend des chocolats chauds pour nous chauffer ? ⇨ ____________________

8) Je prends des pamplemousses pour le petit déjeuner. ⇨ ____________________

« On déjeune à la terrasse en été. »

제 11과 생김새 묘사하기(2)

♧ **다음은 Festival 11과 내용입니다. 한국어 문장을 프랑스어로 쓰세요.**

① Eric : Je dîne chez mon amie. 너 나랑 함께 갈래?
Thomas : Ton ami-i ou ton amie-ie ?
Eric : 내 여자친구네. Tu viens ? Elle est sympa.
Thomas : Oui, pourquoi pas ? 여자친구 혼자 살아?
Eric : Non, 내 여자친구는 자기 여동생과 함께 살고 있어.
Thomas : 걔 어떻게 생겼어?
Eric : Qui ? Ma copine ou sa sœur ?
Thomas : Ta copine, bien sûr ! Brune ? Blonde ?
Eric : Brune, grande, mince, jolie ... Elle s'appelle Susana, mais moi, je l'appelle Suzy. Euh ... 여자친구는 아르헨티나 사람이야. 파리에서 프랑스 문학을 전공하고 있어.
Thomas : 여자친구 성이 Ricci야? Susana Ricci ?
Eric : Oui.
Thomas : Susana가 너의 여자친구이로구나!
Eric : 너 걔를 알아?
Thomas : 물론이야. 걔 내 수업 들어. Je l'aime bien. Elle est sympa. 좋아. 우리가 걔네집에 가는 거구나. On l'appelle ? 나 걔 핸드폰 번호 있어.
Eric : Moi aussi, je l'ai ! Non, non ! 깜짝 놀래켜 줄거야. Allez, viens ! On y va !

② Eric : Suzy ? C'est moi, Eric. 문 열어줄래? 너한테 줄 깜짝 선물가져 왔어.

③ Suzy : Alors, 깜짝선물? 그게 뭐지? 책이야? 꽃이야? Euh !
Eric : Non, 물건 아니야. 사람이야.
Suzy : 사람이라고? 누구지? Ça alors ! Thomas ! 너가 어떻게 여기에 있어?! Eric, 너 Thomas 알고 있었어?
Eric : Bien sûr, je le connais !

출처: S. Poisson-Quinton et ali.(2005), *Festival* 1, p. 62.

« J'ai des cadeaux pour toi. »

11과 목표

1. 동사 활용 : connaître
2. 소유형용사
3. 직접목적보어 대명사
4. 장소부사 y

1. 동사 활용 : 문장에서 사용되는 동사 형태는 동사 원형과 다르다.

원형	현재 형태	
connaître/ connaitre[9]	je connais	nous connaissons
	tu connais	vous connaissez
	il connaît/connait	ils connaissent
	elle connaît/connait	elles connaissent

가. 다음 빈 칸에 동사 connaître의 알맞은 변화 형태를 넣으세요.

1) Je ________ la famille de Patricia.
2) Nous ________ le Japon.
3) Tu ________ les amis d'Alain.
4) Vous ________ le vin français ?
5) Il ________ l'espagnol.
6) Ils ________ bien la Bolivie.
7) Elle ________ le latin.
8) Elles ________ Cheongju.
9) Madame Kim et moi, nous ________ bien la région de Franche-Comté.
10) Patricia et son fils ne ________ pas encore le château de Versailles.

« Les touristes sont à l'entrée du château de Versailles. »

9 2017년 철자개혁에 따름.

2. 소유형용사(l'adjectif possessif)

소유물 성·수 / 소유주 인칭	남성 단수 명사와 함께	자음 시작 여성 단수 명사와 함께	복수 명사와 함께
1인칭 단수(je)	mon	ma	mes
2인칭 단수(tu)	ton	ta	tes
3인칭 단수(il/elle)	son	sa	ses
모음, 무음 h으로 시작하는 여성 단수 명사와는 모음충돌을 막기 위해 mon, ton, son을 사용한다.			

Mon livre est sur la table.

Ton père est au bureau ?

Son directeur est sympa ?

Mes livres sont sur la table.

Tes parents sont en vacances ?

Ses employés travaillent bien.

Ma mère est à Séoul.

Ma fille est en France.

Sa maison est bien située.

Mes tantes sont à Busan.

Tes enfants sont en forme ?

Ses affaires marchent très bien.

~~Ma amie~~ est à Paris. (×) ⇨ Mon amie est à Paris.

~~Ta école~~ est fermée ?(×) ⇨ Ton école est fermée ?

~~Sa université~~ augmente les frais d'inscription. (×)

⇨ Son université augmente les frais d'inscription.

소유물 성·수 / 소유주 인칭	남성 · 여성 단수 명사와 함께	남성 · 여성 복수 명사와 함께
1인칭 복수(nous)	notre	nos
2인칭 복수(vous)	votre	vos
3인칭 복수(ils/elles)	leur	leurs

나. 다음 제시된 소유형용사 중 가장 알맞은 것을 고르세요.

1) Mon / Ma / Mes sœur travaille à Bruxelles.

2) Hier, son / sa / ses fils n'est pas allé à l'école.

3) Ton / Ta / Tes parents sont très sympas !

4) Je n'ai pas vu mon / ma / mes famille depuis cinq ans.

5) Mon / Ma / Mes frère vient me voir demain avec son / sa / ses amie.

6) Vous n'avez pas froid avec mon / votre / son manteau ?

7) Qu'est-ce que tu ressembles à ton / ta / tes oncle !!

8) Montre à Rosa ton / ta / tes photos !

9) Ma / Sa / Leur chef est très gentil.

10) J'écris plein d'histoires dans mon / ma / mes journal.

11) Avant de partir en Angleterre, Anne révise mon / ton / son anglais.

12) Tu peux m'aider ? Ma / Ta / Sa valise est lourde !

13) Ouvrez ton / notre / votre sac, s'il vous plaît ! Allez ! Dépêchez-vous !

14) Mon / Ton / Son avion est en retard. Ça ne te fait rien si je suis en retard ?

15) (Dans l'avion) Ici, c'est ma / ta / votre place ? Je peux voir ma / ta / votre carte d'embarquement ?

3. 직접목적보어 대명사(le pronom complément d'objet direct)

우선, 동사를 구분해보자.

주어가 행동을 한다.	동사의 행위를 나타내는 목적어를 지닌다.
① 자동사 ⓐ Je chante. Je marche. ⓑ Je vais à Paris. Je suis coréenne. ② 대명동사 Je m'appelle Yujin KIM. Pierre se lave. Nous nous téléphonons.	③ 타동사 + 직접목적보어(COD) J'aime les pommes. J'ai une voiture. ④ 타동사 + 간접목적보어(COI)[10] Je parle à Pierre. Je ressemble à mes parents. ⑤ 타동사 + 직접목적보어(COD) + 간접목적보어(COI) Je donne un cadeau à Sophie. On offre à Paul du bon vin de Bordeaux.

직접목적보어 대명사는 반복을 피하기 위해 목적어로 사용된 명사(COD)를 대신하며 타동사 (③, ⑤) 앞에 위치한다.

인칭	단수 명사를 대신	복수 명사를 대신
1인칭	me	nous
2인칭	te	vous
3인칭	le la	les

Tu connais Noémie ? ⇨ Oui, je la connais.

Je connais Thierry ? ⇨ Ah oui, tu le connais ?!

Noémie et Thierry ? Je les connais et je les aime bien.

---

10 COI는 Complément d'objet indirect의 약자이다.

다. 다음 빈 칸에 대명사 le, la, l', les 중 알맞은 것을 골라 넣으세요.

1) - Catherine ? Tu ___________ connais ?

- Mais oui, je ___________ connais.

2) - J'ai rendez-vous avec Daniel.

- Daniel ? Tu ___________ connais ?

3) - Tu appelles Thomas et Mina ?

- D'accord, je ___________ appelle.

4) - Eric, il est là ?

- Non. Mais pourquoi tu ___________ cherches ?

라. 다음 빈 칸에 알맞은 대명사를 넣으세요.

1) - Tu as les clés sur toi ?

- Oui, je ___________ ai.

2) - Vous aimez le vin chilien et le vin australien ?

- Non, je ne ___________ aime pas beaucoup.

3) - J'adore les framboises. Et toi ?

- Moi aussi, je ___________ adore !

4) - Ton père aime beaucoup les films d'action

- Oui, il ___________ aime beaucoup.

5) - Paul et Mina vendent leur maison verte.

- Ah oui ? Pourquoi ils ___________ vendent ?

4. 장소부사 y : '장소 전치사 + 명사'를 대신하며 동사 앞에 위치한다.

dans une maison	⇨	y	à Paris	⇨	y
chez Pierre	⇨		au Mexique	⇨	
sur la table	⇨		aux Etats-Unis	⇨	
sous le toit	⇨		en France	⇨	
devant l'église	⇨		derrière la poste	⇨	

- Je vais à la réunion demain. Et toi ?
- Moi aussi, j'y vais.

마. 다음 밑줄 그은 부분을 장소부사 y로 답하세요.

1) Tu vas au laboratoire ? ⇨ Oui, je ________ vais.

2) On va chez Paul et Mina ? ⇨ Oui, on ________ va le samedi.

3) Je vais en France cet été. ⇨ Moi aussi, je ________ vais.

4) Paul va en Grèce. ⇨ Ses parents aussi, ils ________ vont.

바. 다음 대화에 장소부사 y를 사용하여 부정문으로 답하세요.

1) Tu vas au laboratoire ? ⇨ Non, ________________

2) On va chez Paul et Mina ? ⇨ Non, ________________

3) Je vais en France cet été. ⇨ Ah bon ? Moi, ________________

4) Paul va en Grèce ? ⇨ Non, ________________

사. 다음 대화에 대명사 le, la, l', les 또는 장소부사 y를 사용하여 답하세요.

1) - Paul, tu vas à la fête chez tes amis ?

- Oui, ______________________________

2) - Tu aimes les parents de Pauline ?

- Oui, _______________________ beaucoup.

3) - Vous avez le sèche-cheveux dans votre chambre ?

- Oui, ______________________________

4) - Ecoutez-moi, les deux avocats coûtent 5 euros.

- D'accord. Je ________________ prends.

아. 다음 빈 칸에 알맞은 소유형용사를 넣으세요.

1) - Susana, c'est la copine d'Eric et de Thomas ?

- Oui, c'est ___________ copine.

2) - Thomas, c'est l'ami d'Eric et de Susana ?

- Oui, Oui, c'est ___________ ami.

3) - Susana, c'est l'amie d'Eric ?

- Oui, c'est ___________ amie.

4) - Suzy, c'est la sœur de Rosa ?

- Oui, c'est ___________ sœur.

자. 다음 제시된 답을 보고 보기에서 알맞은 질문을 고르세요.

[보기] ① Qu'est-ce que c'est ? ② Qui c'est ?

1) - ______________________________

- C'est une amie française, Anne.

2) - ______________________________

- C'est une surprise pour toi.

3) - ______________________________

_ C'est Jacqueline, la mère de Suzy.

4) - ______________________________

- C'est une étudiante de Daniel.

5) - Cette maison sur la photo, ______________________________ ?

- C'est la résidence secondaire de Paul et de Bernard.

♧ Qui c'est ? = C'est qui ? = Qui est-ce ?

« Ça boume ? »

차. 다음 빈 칸에 알맞은 대명사 또는 장소부사를 넣으세요.

1) - Est-ce que tu connais Dominique Lebaud un peu ?

- Oh oui ! Je ______ connais même très bien.

2) J'aime beaucoup Pierre et sa femme. Tu ______ connais ?

3) - Je déteste Pauline et sa sœur.

- Ah bon ? Moi, je ______ aime beaucoup.

4) - Tu connais Isabelle Adjani ? C'est une actrice française.

- Bien sûr. Je ______ connais : elle joue dans « La Reine Margot ».

5) Vous voyez la femme rousse là-bas ? Vous ______ connaissez ?

6) Je connais ce gâteau typique de Bordeaux ? Tu veux ______ acheter ?

7) - Tu connais Gérard Depardieu ? C'est un acteur français.

- Non, je ne ______ connais pas.

8) Je connais la femme de Virgil. Mais je ne ______ aime pas beaucoup.

9) - Maman, je peux regarder la télé ?

- Oui, tu peux ______ regarder, mais une heure seulement.

- Entendu, maman.

10) - Samedi, je pars à la pêche avec des copains.

- Paul et Pierre ______ accompagnent aussi ?

- Oui. Nous sommes 6 en tout à partir.

제 12과 자기집 묘사하기

♧ **다음은 Festival 12과 내용입니다. 한국어 문장을 프랑스어로 쓰세요.**

① Susana : Entrez, entrez ... 너희들 외투 이리 줘. Thomas, ma sœur Rosa, Thomas, un copain de la fac. Et Eric. Mais lui, tu le connais déjà.

Thomas : 너희들 집, 무척 크다.

Susana : 우리 할머니, 할아버지 아파트야. 지금 두분은 프로방스 지방에 사셔. 우리 어머니는 프랑스인이셔.

Thomas : Ah ! 그래서 네가 특유 악센트가 없구나. Mais ... votre père ? Lui, il est argentin ?

Susana : Oui. 우리가 국적이 두 개야.

Thomas : 너희들은 운이 좋구나.

Susana : Rosa야, Thomas에게 우리 아파트를 보여줘. Eric, tu m'aides à mettre la table ?

Eric : D'accord.

② Rosa : 그러니까, 여기는 거실이고, 이쪽 옆이 부엌이야. 왼쪽이 Susana 방이야. 여기가 내 방이야. 그리고 욕실은 중간에 있어. Il y a trois pièces. Pour nous, c'est parfait ! 근데, 엘리베이터는 없어.

③ Susana : A table ! 자, 다 됐다. 준비되었다.

Thomas : Hum ! 맛있는 냄새 난다! Qu'est-ce que c'est ?

Susana : Ah ah ! C'est une surprise !

출처: S. Poisson-Quinton et ali.(2005), *Festival* 1, p. 66.

12과 목표

1. 동사 활용 : vivre
2. 부정문 : ne pas ... de
3. 직접목적보어 대명사

« Mes grands-parents vivent en Provence. »

1. 동사 활용 : 문장에서 사용되는 동사 형태는 동사 원형과 다르다.

원형	현재 형태	
vivre	je vis	nous vivons
	tu vis	vous vivez
	il vit	ils vivent
	elle vit	elles vivent

가. 다음 빈 칸에 들어갈 동사 vivre의 알맞은 변화 형태를 넣으세요.

1) Aurélie et moi, nous ________________ à Cheongju.

2) Tes parents et toi, vous ________________ en Provence ?

3) Les parents de nos amis ________________ à Paris ?

4) La famille de Pierre ________________ au Japon.

5) M. et Mme Julien ________________ à Morteau.

6) La belle-sœur de Patricia ________________ aux Etats-Unis.

7) Les amis de Pauline ________________ tous au Japon.

« C'est un café parisien très célèbre. »

나. 다음 빈 칸에 동사 vivre의 알맞은 변화 형태를 넣고, 해당하는 도시와 지방을 아래 지도에서 찾아보세요.

1) Emma et moi, nous ____________ à Besançon.

2) Mes professeurs ____________ à Rennes.

3) Tes sœurs et toi, vous ____________ à Amiens ?

4) Mes parents ____________ à Paris.

5) La famille de Pierre ____________ au Mans.

6) M. et Mme Julien ____________ à Rodez.

2. 부정문 : ne pas ... de (복습)

직접목적보어에 사용된 부정관사(un, une, des)와 부분관사(du, de la, de l')는 부정문에서 de로 바뀐다.

부정문 만들기
J'ai une voiture. ⇨ Je n'ai pas de voiture. Je prends des oranges. ⇨ Je ne prends pas de oranges. (×) ⇨ Je ne prends pas d'oranges.

다. 다음 질문에 대명사나 장소부사를 사용하여 부정문으로 답하세요.

1) La chanteuse Juliette chante à l'Opéra-Bastille aujourd'hui ?

⇨ ______________________________

2) Il y a l'ascenseur vert chez Susana ?

⇨ ______________________________

3) Tu envoies mes colis à la poste ?

⇨ ______________________________

4) Tout le monde va à fête de Paul et Mina samedi ?

⇨ ______________________________

5) Les parents de Susana et de Rosa prennent leur voiture verte en Provence ?

⇨ ______________________________

3. 직접목적보어 대명사 (복습)

인칭	단수	복수
1인칭	me	nous
2인칭	te	vous
3인칭	le la	les

라. 다음 빈 칸에 알맞은 대명사를 넣으세요.

1) - Tu connais la dame là-bas ?

- Oui, je ________ connais bien.

- Ah bon ? C'est la première fois que je ________ vois.

2) - Ecoute-moi bien, il y a Daniel Chopin qui vient à Cheongju.

- Ah oui ? Il ________ contacte souvent ?

3) - Pierre me dit que sa mère part en Chine.

- Elle veut venir en Corée ?

- Oui, elle arrive samedi. Tu veux ________ chercher à l'aéroport ?

4) - J'aime bien les chansons de Jean-Jacques Goldman.

- C'est vrai ? Moi, je ________ connais en personne. C'est un ami.

마. 다음 보기처럼 거주지에 해당하는 국적 형용사를 빈 칸에 넣어 답하세요.

[보기] Emilie vient de Berlin. ⇨ Elle est allemande.

1) Paula vient d'Alger. ⇨ ________________

2) Noriko vient de Paris. ⇨ ________________

3) Amanda vient d'Oslo. ⇨ ________________

4) Monica vient de Rome. ⇨ ________________

5) Martine vient de New-York. ⇨ ________________

6) Maria vient d'Osaka. ⇨ ________________

7) Martin vient de Shangaï. ⇨ ________________

8) Anna habite à Hanoï. ⇨ ________________

9) Anne-Laure vient de Besançon. ⇨ ________________

10) Mario vient de Madrid. ⇨ ________________

11) Laure vient de Toronto. ⇨ ________________

12) Carlos vient de Sydney. ⇨ ________________

13) Sacha vient de Moscou. ⇨ ________________

14) Néila vient de New Deli. ⇨ ________________

15) Sabina vient de Stockholm. ⇨ ________________

바. 다음 보기에서 알맞은 단어를 골라 빈 칸에 넣으세요. (사전을 참조할 것)

[보기]	① cheminée	② cour	③ fenêtres	④ cave	⑤ jardins
	⑥ étage	⑦ balcon	⑧ grenier	⑨ ascenseur	⑩ entrée

1) Dans la ________, on range le vin et les objets de longue date.

2) Nous habitons au sixième ________, et nous prenons l'________.

3) Vous avez trois ________ : le salon est très clair.

4) Ma chambre donne sur la petite ________ ; c'est calme et j'entends les oiseaux chanter.

5) Il y a beaucoup d'activités dans les ________du château de Versailles.

6) Dans le ________des grands-parents, on peut trouver des vêtements, des livres et des meubles du vieux temps.

♧ **la famille** (복습)		
les grands-parents (le grand-père, la grand-mère)		
les parents (le père, la mère)	l'oncle, la tante	le cousin, la cousine
le frère, la sœur	le fils, le garçon, la fille,	le neveu, la nièce
le beau-frère, la belle-sœur	le gendre (le beau-fils),	la bru (la belle-fille)

사. 다음 단어와 관련있는 남성 형태를 넣으세요.

1) la femme ⇨ ______________________

2) la cousine ⇨ ______________________

3) la mère ⇨ ______________________

4) la belle-mère ⇨ ______________________

5) la grand-mère ⇨ ______________________

6) la belle-sœur ⇨ ______________________

7) la nièce ⇨ ______________________

8) la tante ⇨ ______________________

9) la fille ⇨ ______________________

10) la sœur ⇨ ______________________

« une carte de la fête des grands-mères »

« C'est ma grand-mère Jacqueline. »

아. 다음 빈 칸에 알맞은 단어를 넣고 그 지역을 아래 지도에서 찾아보세요.

1) Les parents d'Eveline habitent ________ Normandie.

2) La famille de Paul est ________ Île-de-France.

3) Monsieur Lebaud et son épouse sont _______ Provence-Alpes-Côte d'Azur.

4) Un frère de Patricia habite ________ Corse.

5) Noémie vient ________ Midi-Pyrénées-Languedoc-Roussillon.

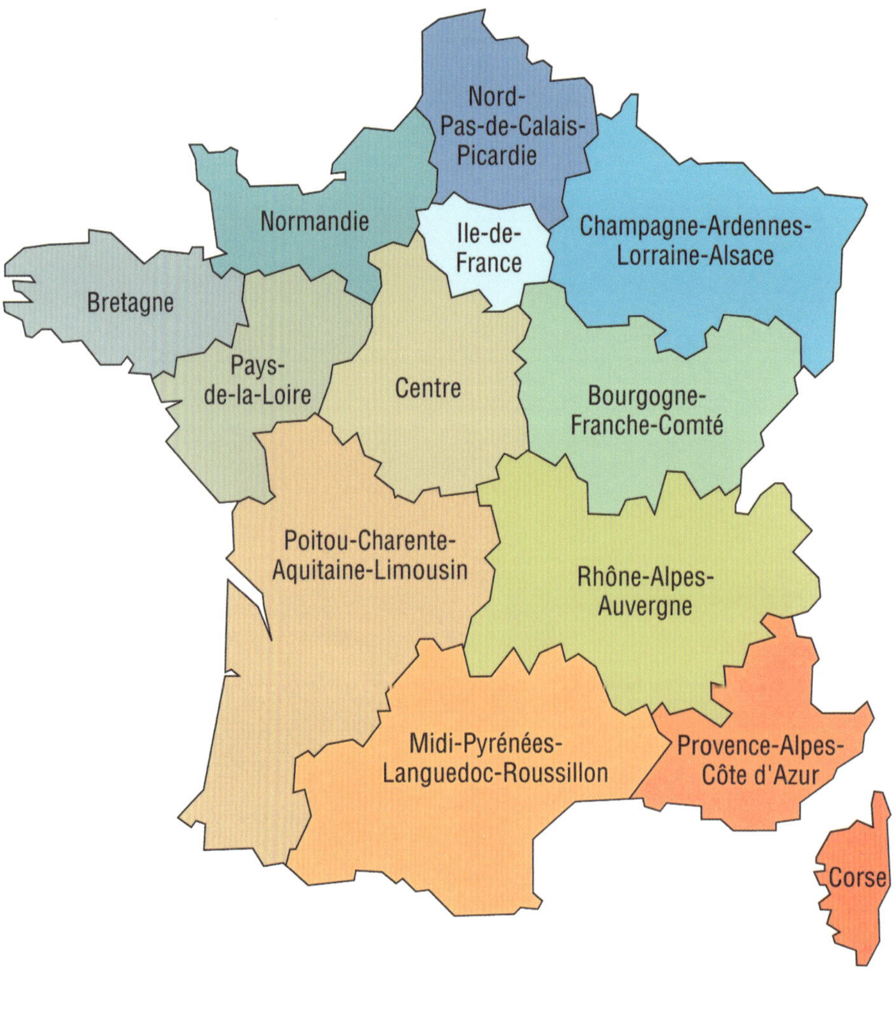

자. 다음 단어들을 알맞게 배열하세요.

1) de / Tu / son / connais / portable ? / numéro

⇨ ______________________________

2) montre / ses / Rosa / l'appartement / me / de / parents.

⇨ ______________________________

3) pour ça / C'est / n'/ pas / que / as / tu / d'accent !

⇨ ______________________________

4) chapeau / son / donne / ses / vous / gants. / et / Rosa

⇨ ______________________________

5) une / bains / chez / salle / Il y a / Susana / Rosa. / et / de

⇨ ______________________________

6) deux / Susana / a / ses / nationalités / grâce / grands-parents. / à

⇨ ______________________________

7) beaucoup / il y a / de / portables / en / Aujourd'hui, / France.

⇨ ______________________________

차. 다음 대표음식 및 토산품과 관련 있는 장소를 지도에서 찾아보세요.

<table>
<tr><th colspan="4">대표 향토음식 및 토산품과 지역</th></tr>
<tr><th>plat-produit</th><th>lieu</th><th>plat-produit</th><th>lieu</th></tr>
<tr><td>les galettes</td><td>en Bretagne</td><td rowspan="2">la choucroute
le pain d'épices
le kouglof</td><td rowspan="2">en Alsace</td></tr>
<tr><td>la moutarde</td><td>à Dijon</td></tr>
<tr><td rowspan="2">le boeuf bourguignon
les escargots de Bourgogne
le coq au vin</td><td rowspan="2">en Bourgogne</td><td>la tarte tatin
le cidre</td><td>en Normandie</td></tr>
<tr><td>le camembert</td><td>à Camembert (Normandie)</td></tr>
<tr><td rowspan="2">la fondue
la tartiflette</td><td rowspan="2">en Savoie</td><td>la salade niçoise</td><td>à Nice (Provence)</td></tr>
<tr><td>la soupe au pistou
la ratatouille</td><td>en Provence</td></tr>
<tr><td rowspan="2">le comté
le morbier
les saucisse de Montbéliard
les saucisses de Morteau</td><td rowspan="2">en Franche-Comté</td><td>la bouillabaisse</td><td>à Marseille</td></tr>
<tr><td>la quiche lorraine
la tarte aux mirabelles</td><td>en Lorraine</td></tr>
<tr><td>le cassoulet</td><td>en Languedoc-Roussillon</td><td rowspan="2">les moules frites</td><td rowspan="2">dans le Nord</td></tr>
<tr><td>le roquefort</td><td>à Roquefort-sur-Sulzon (Occitanie)</td></tr>
</table>

Calais
Lille
Amiens
Le Havre
Rouen
Caen
Reims
Metz
Brest
PARIS
Versailles
Châlons-en-Champagne
Strasbourg
Rennes
Lorient
Le Mans
Orléans
Nantes
Dijon
Besançon
Poitiers
Moulins
Limoges
Lyon
Clermont-Ferrand
Bordeaux
Grenoble
Rodez
Avignon
Toulouse
Montpellier
Nice
Cannes
Carcassonne
Marseille

Nord-Pas-de-Calais-Picardie
Normandie
Ile-de-France
Champagne-Ardennes-Lorraine-Alsace
Bretagne
Pays-de-la-Loire
Centre
Bourgogne-Franche-Comté
Poitou-Charente-Aquitaine-Limousin
Rhône-Alpes-Auvergne
Midi-Pyrénées-Languedoc-Roussillon
Provence-Alpes-Côte d'Azur
Corse

카. 다음 질문에 알맞은 답을 써 넣으세요.

1) Que disent les Français quand ils trinquent ?

⇨ ______________________________

2) A quelle ville la moutarde est-elle associée ?

⇨ ______________________________

3) Qu'est-ce qu'il faut pour faire des moules marinières ?

⇨ ______________________________

4) A quel plat met-on du chou, des saucisses et des pommes de terre ?

⇨ ______________________________

5) Dans quelle région le cassoulet est-il un plat traditionnel ?

⇨ ______________________________

6) Quel fromage est représentatif de la Normandie ?

⇨ ______________________________

타. 다음 질문에 알맞은 답을 골라 √로 표시하세요.

1) Pour faire de la bouillabaisse, quels sont les ingrédients principaux ?

① du porc ② des légumes ③ du bœuf ④ des moules ⑤ du poisson

2) Avec quoi les Français prennent-ils des galettes bretonnes en général ?

① du vin ② de la bière ③ du cidre ④ du cognac ⑤ du champagne

1~12과

복습문제

1~12과 복습문제

1) 만날 때의 인사와 헤어질 때의 인사를 구분하고 한국어로 옮기세요.

① bonjour ② bonsoir ③ bonne journée ④ bonne nuit

⑤ au revoir ⑥ bon voyage ⑦ bonne route ⑧ bonne année

⑨ à tout à l'heure ⑩ bon anniversaire ⑪ bon Noël

2) 다음 괄호 안의 단어를 알맞은 형태로 넣으세요. (유명인물은 인터넷을 검색할 것)

Kim Yuna est (coréen). ⇨ ________________________________

Catherine Deneuve est (acteur). ⇨ ________________________________

H. M. Son et J. S. Park sont (footballeur). ⇨ ________________________________

Vincent Lindon et Fabrice Luccini sont (comédien). ⇨ ________________________________

Les membres BTS sont (coréen). ⇨ ________________________________

Kang Su Jin est (danseur). ⇨ ________________________________

Kati Outine est (finlandais). ⇨ ________________________________

Céline Dion est (chanteur). ⇨ ________________________________

Nicole Kidman est (australien). ⇨ ________________________________

Gong Li et Fan Bing Bing sont (chinois). ⇨ ________________________________

3) 다음 단어들을 알맞게 배열하세요.

① aimez / Qu'est-ce que / comme / vous / dessert ?

⇨ ______________________________

② adultes / du / Les / et / bière. / boivent / vin / de la

⇨ ______________________________

③ est / le / Au restaurant, / compris / l'addition. / service / dans

⇨ ______________________________

④ êtes / marché, / achetez / produits. / Vous / au / vous / cinq / et

⇨ ______________________________

⑤ libre / au / pourboire / êtes / de / restaurant. / un / Vous / donner

⇨ ______________________________

4) 다음 사진을 보고 들어갈 재료를 쓰세요.

Dans ce « dolsot bibimbab », il y a

____

____

____

____

5) 다음 빈 칸에 알맞은 관사를 넣으세요.

- Qu'est-ce que tu fais aujourd'hui ?

- Ouf, j'ai beaucoup de choses à faire.

  En plus, je voudrais préparer une tarte

  pour l'anniversaire d'Arthur.

« une tarte aux fraises pour Arthur »

- Tu as tout ce qu'il faut ?

- Oui, j'ai ________ farine, ________

  morceaux de beurre, ________

  fraises, ________ crème fraîche.

« un pot de crème fraîche »

- C'est tout ?

- J'ai aussi ________ mirabelles ;

  je vais également faire une tarte

  aux mirabelles pour Mamie et Papy.

« une tarte aux mirabelles »

6) 다음 괄호 안의 단어를 사용하여 빈 칸에 알맞게 넣으세요.

① Je voudrais commander une glace ____________ (vanille).

② Et toi? Tu veux prendre un sorbet ____________ (chocolat) comme moi ?

③ Non, je voudrais un gâteau ____________ (pomme).

④ Moi, je vais prendre plutôt une tarte ____________ (fraise).

⑤ Pourquoi la tarte ____________ (framboise) est très chère ?

⑥ J'ai beaucoup de raisin. Je vais faire une tarte ____________ (raisin).

⑦ On va prendre _________ (mûre) pour faire _________ confiture de (mûre).

⑧ Je voudrais un kilo __________ (orange) et deux kilos __________ (pomme).

⑨ Maman, je peux prendre une part de la tarte ____________ (citron) ?

⑩ - Qu'est-ce vous prenez comme entrée, Madame ?

- Je voudrais une salade ____________ (mâche).

7) 다음 빈 칸에 알맞은 것을 넣고, 두 먹거리에 대한 차이를 설명하세요.

- Tu aimes la glace ___________ fraise ou la glace _____________ fraises ?

____

____

____

8) 다음은 fruits rouges입니다. 각 열매의 알맞은 프랑스어 이름을 넣으세요.
(인터넷을 검색할 것)

① Ce sont ______________________

② Ce sont ______________________

③ Ce sont ______________________

④ Ce sont ______________________

9) 위의 과일을 사용하여 tarte를 만듭니다. 알맞은 명칭을 넣으세요.

① une tarte ______________________

② une tarte ______________________

③ une tarte ______________________

④ une tarte ______________________

10) 다음 보기에서 관련 있는 단어들을 골라 넣으세요.

[보기] une soupe d'oignons, des maquereaux au vin blanc, une salade composée, du rosbif, du jambon, du pâté, une côtelette d'agneau, du saucisson, une assiette de crudités, du mouton, des fruits de mer, un rôti de porc, une part de gâteau, du poulet, des frites, du canard, une mousse au chocolat, du saumon, une crème brûlée, une sole, une truite, des petits pois, des sardines, une glace au chocolat, un sorbet au citron, des moules, une glace à la vanille, du riz, de la raie

① les entrées :

____

② les plats - les viandes :

____

③ les plats - les poissons :

____

④ les plats - les garnitures :

____

⑤ les desserts :

____

11) 다음 중 알맞지 않은 문장을 모두 고르세요.

① J'aime beaucoup les bœufs.

② J'aime le bœuf.

③ C'est un bœuf.

④ C'est le bœuf.

⑤ Je prends des bœufs tous les soirs.

⑥ Je prends des morceaux de bœuf le soir.

⑦ Ma mère achète du bœuf chez le boucher du coin.

⑧ Je prends du bœuf le week-end.

12) 다음 빈 칸에 알맞은 관사를 넣으세요.

① Dans une épicerie, Daniel achète ______ herbes de Provence, ______ huile d'olive, ______ vinaigre, ______ sel, ______ poivre, ______ sucre et ______ farine de maïs.

② Myriame va au marché couvert tous les samedis pour acheter ______ pommes, ______ bananes, ______ poires, ______ oranges, ______ abricots, ______ pêches, ______ fraises, ______ cerises, ______ raisin, ______ citrons, ______ pamplemousses, ______ ananas. Son mari veut y acheter ______ tomates, ______ chou, ______ poireaux, ______ aubergine, ______ courgettes, ______ pommes de terre, ______ haricots verts, ______ petits pois, ______ oignons, ______ carottes et ______ salade verte.

13) 다음 빈 칸에 알맞은 관사를 넣으세요.

① La mère de Tanguy va souvent à la poissonnerie. Elle y achète ________ saumon, ________ crabes, ________ soles, ________ huîtres et ________ crevettes. Bien sûr, elle n'oublie pas deux homards.

② Marc achète à la boucherie ________ poulet, ________ bœuf, ________ porc, ________ veau, ________ agneau.

③ - Où est-ce que je peux acheter ________ fromage ?

- A la crémerie. Il y a ________ crémerie à côté de la mairie.

④ Je prends ________ coca à tous les repas.

⑤ Pour faire du kimchi, il faut ________ choux, ________ poudre de piment, ________ sel, ________ navets, ________ ciboulette et ________ ail.

⑥ Pour faire du pot-au-feu, il faut ________ viande de bœuf, ________ os à mœlle, ________ pommes de terre, ________ poireaux, ________ carottes, ________ navets, ________ oignons, ________ branche de céleri, ________ bouquet garni, ________ sel et ________ poivre.

⑦ Pour faire des crêpes, il faut ________ farine de blé, ________ œufs, ________ lait, ________ beurre, ________ confiture, quelques gouttes d'eau de fleur d'oranger.

« C'est une crêpe sucrée. »

14) 다음 빈 칸에 알맞은 관사를 넣으세요.

Pour faire de la choucroute, il faut ________ choucroute, ________ côtes de porc, ________ lardons fumés, ________ saucisses de Francfort, ________ saucisses de Morteau, ________ grains de poivre, ________ feuille de laurier.

15) 다음 질문에 부정문으로 답하세요.

① Patrice a des enfants ?

⇨ ____

② Vous cherchez les Galeries Lafayette ?

⇨ ____

③ Ta mère achète souvent de la glace ?

⇨ ____

④ Tu aimes la glace à la vanille ?

⇨ ____

⑤ Vous voulez du foie gras ?

⇨ ____

⑥ Tu aimes le saumon fumé ?

⇨ ____

16) 다음 질문에 부정문으로 답하세요.

① Susana a les cheveux roux et les yeux noirs ?

⇨ ______________________________

② Rosa étudie la littérature française à Séoul ?

⇨ ______________________________

③ Chiris et Yukiko prennent un menu à 20 euros ?

⇨ ______________________________

④ Patricia et Mario prennent de la salade de fruits ?

⇨ ______________________________

⑤ Virgile et Clément achètent une bouteille de muscadet ?

⇨ ______________________________

⑥ Est-ce que l'on peut payer par carte chez vous ?

⇨ ______________________________

⑦ Maman, ça, c'est une boîte d'outils pour papa ?

⇨ ______________________________

참고문헌 및 참고 사이트, 이미지 출처

참고문헌

프라임 불한사전(1998), 두산동아.

이은미(2017), 「기초프랑스어연습」, 충북대학교 대학인문역량강화사업단(비매품).

M. Boularès et ali.(1997), *Grammaire progressive du français avec 400 exercices*, niv. débutant, intermédiaire, avancé, Paris, CLE International.

Y. Delatour et ali.(2000), *Grammaire pratique du français en 80 fiches*, Paris, Hachette.

S. Poisson-Quinton et ali.(2005), *Festival* 1, Paris, CLE International.

E-M. Rhee et ali.(2014), *Goutte à goutte*, tome 1, Shinasa.

참고 사이트

http://www.huiledolive.fr/origine-fabrication/difference-entre-huile-dolive-extra-vierge-huile-dolive-vierge

http://www.linternaute.com/ville/c-villes-les-plus-agreables

https://fr.wikipedia.org/wiki/Go%C3%BBter

이미지 출처 : 저자가 소장한 이미지를 제외한 모든 이미지들은 www.fotolia.com에서 구입했습니다. 다음은 구입한 파일명과 변경 내용입니다.

2과 Fotolia_123806475_S 이미지 변경, Fotolia_220348433_XS, Fotolia_54931423_M

3과 Fotolia_229623942_S, Fotolia_4840163_S, Fotolia_53391243_S, Fotolia_20198755_XS, Fotolia_88077471_XS

4과 Fotolia_183298824_XS, Fotolia_213073221_XS, Fotolia_232523662_S

6과 Fotolia_118242726_S, Fotolia_178517816_S

7과 Fotolia_21402079_S, Fotolia_17597725_S 이미지 변경

8과 Fotolia_31129736_XXL

9과 Fotolia_140033444_S, Fotolia_191655770_S, Fotolia_180602226_S 이미지 변경, Fotolia_64475769_S, Fotolia_7949610_S 이미지 변경, Fotolia_87497215_S,

Fotolia_137668784_S, Fotolia_109393128_S 이미지 변경, Fotolia_118111713_S 이미지 변경, Fotolia_2621510_S, Fotolia_97735282_S, Fotolia_177770349_S, Fotolia_60647816_S, Fotolia_35252655_S 이미지 변경, Fotolia_72514724_XS, Fotolia_208724869_S, Fotolia_45171245_S, Fotolia_42946842_S, Fotolia_19869014_S, Fotolia_195899600_S, Fotolia_215659940_S 이미지 변경

10과 Fotolia_22820905_S, Fotolia_72514724, Fotolia_61511811_S, Fotolia_2592521_S, Fotolia_60647816_S, Fotolia_10975738_S

11과 Fotolia_18099490_S, Fotolia_123806475_S

12과 Fotolia_108522268_S, Fotolia_99664205_S, Fotolia_74867355_L, Fotolia_180026928_S

1~12과 복습문제 Fotolia_52179683_S, Fotolia_27291796_S, Fotolia_16457629_XS, Fotolia_221624789_XS, Fotolia_213037487_XS, Fotolia_195364113_XS 모두 이미지 변경, Fotolia_35835940_S 이미지 변경, Fotolia_27453196_S 이미지 변경, Fotolia_2552180_S, Fotolia_31319540_S